10ª edição - Setembro de 2021

Coordenação editorial
Ronaldo A. Sperdutti

Projeto gráfico e editoração
Juliana Mollinari

Capa
Juliana Mollinari

Imagens da capa
Shutterstock | Ryan DeBerardinis

Assistente editorial
Ana Maria Rael Gambarini

Revisão
Alessandra Miranda de Sá

Impressão
Gráfica Cromosete

Direitos autorais reservados. É proibida a reprodução total ou parcial, de qualquer forma ou por qualquer meio, salvo com autorização da Editora. (Lei nº 9.610, de 19 de fevereiro de 1998)

Traduções somente com autorização por escrito da Editora.

© 2021 by Boa Nova Editora.

Av. Porto Ferreira, 1031 | Parque Iracema
CEP 15809-020 | Catanduva-SP
17 3531.4444

www.**petit**.com.br | petit@petit.com.br
www.**boanova**.net | boanova@boanova.net

**Dados Internacionais de Catalogação na Publicação (CIP)
(Câmara Brasileira do Livro, SP, Brasil)**

Carlos, Antônio (Espírito)
    Muitos são os chamados / ditado pelo espírito
Antônio Carlos ; [psicografado por] Vera Lúcia
Marinzeck de Carvalho. -- 10. ed. -- Catanduva, SP :
Petit Editora, 2021.

    ISBN 978-65-5806-012-3

    1. Obras pscicografadas 2. Romance espírita
I. Carvalho, Vera Lúcia Marinzeck de. II. Título.

21-77037

CDD-133.9

Índices para catálogo sistemático:

1. Romance espírita : Espiritismo   133.9

Eliete Marques da Silva - Bibliotecária - CRB-8/9380

Impresso no Brasil – Printed in Brazil
10-09-21-3.000-101.000

Prezado(a) leitor(a),

Caso encontre neste livro alguma parte que acredita que vai interessar ou mesmo ajudar outras pessoas e decida distribuí-la por meio da internet ou outro meio, nunca deixe de mencionar a fonte, pois assim estará preservando os direitos do autor e, consequentemente, contribuindo para uma ótima divulgação do livro.

VERA LÚCIA MARINZECK DE CARVALHO

Ditado pelo Espírito
ANTÔNIO CARLOS

Muitos são os chamados

Sumário

O diploma 7

O recém-formado 17

A doença 25

Esperança 33

No centro espírita 43

A cura 53

O inesperado 63

Pesadelo 73

À beira da loucura 83

Vagando 95

De volta ao lar 109

O socorro 119

Aprendendo 131

A visita 141

A excursão 151

Muitos são os chamados 163

O diploma

Muitos são os chamados

Palmas ainda se ouviam pelo auditório da Universidade. Grupinhos se formavam, eram os formandos que conversavam alegres com familiares e amigos, recebendo cumprimentos.

Marcos estava com seus familiares, quando Romeu, seu amigo e formando, abraçou-o alegremente e apresentou-o à noiva:

— Esta é Mara — disse sorrindo. — Não é linda? Este é meu amigo Marcos.

— Oi! — saudou sorridente Mara.

— Muito prazer! — Marcos respondeu, observando-a.

Um outro grupo de formandos se aproximou, Romeu se voltou para conversar com eles. Marcos não conseguiu desviar os olhos da noiva do amigo, estava encantado com sua beleza exótica; loira dos olhos verdes, lábios bem-feitos, estava vestida com muito bom gosto e elegância. Mara também observou o amigo do noivo, com um sorriso misterioso.

Romeu despediu-se dos amigos e voltou novamente para perto da noiva. Nesse instante, Rosely, a namorada de Marcos, aproximou-se do trio.

Novas apresentações.

— Já conhecia São Paulo? — indagou Rosely à Mara.

— Oh, sim! Já vim várias vezes à Capital paulista, fico hospedada na casa de minha tia, que mora na Casa Verde, logo ali...

Mara falou devagar o endereço olhando para Marcos.

— Mara, querida, quero despedir-me de outros colegas.

Romeu estava delirante, amava a profissão que escolhera, sempre tirara as melhores notas. Moço agradável, simpático, de cabelos muito negros como os olhos, não era muito alto, era o mais novo da turma. Sua família morava no interior de

São Paulo, e ele viera estudar medicina na Capital do Estado. Ele e Marcos se tornaram grandes amigos.

— Vamos! — concordou Mara, não deixando de corresponder aos olhares de Marcos.

Abraçaram-se os jovens formandos desejando, um ao outro, sucesso. Foram anos juntos, de estudo puxado, e agora se viam coroados de êxitos com o diploma recebido.

Todos contentes. Muitas conversas, vaivém de pessoas. Marcos procurava ter à vista Mara, e seus olhares cruzaram-se várias vezes. Marcos sentiu-se fascinado por aquela vênus loira, e Mara, dengosa, correspondia com olhares e sorrisos à insistência muda do amigo do noivo.

Rosely percebeu, mas se manteve discreta como sempre, procurando ficar mais perto do namorado.

A família de Marcos estava orgulhosa e, com suas melhores roupas, participava da conversa num grupinho de amigos e conhecidos.

O salão e o pátio foram se esvaziando, os formandos retiravam-se com os familiares. Marcos aproximou-se de Romeu para as despedidas. Deram-se um forte abraço. Marcos aproximou-se de Mara, enquanto o amigo despedia-se de Rosely.

— Espero, Mara, vê-la mais vezes, encantei-me com sua beleza e graça.

— Falei o endereço de onde estou hospedada. Recorda? — respondeu a moça em tom baixo e sorrindo.

— De cor — disse baixinho.

Como Romeu se aproximasse deles, Marcos continuou a falar, como a completar um assunto:

— Não vá maltratar meu amigo, cuide bem dele. Tive muito prazer em conhecê-la.

Muitos são os chamados

Separaram-se. O pai de Marcos, senhor Dílson, aproximou-se do filho.

— Vamos embora, Marcos; Tárcio foi buscar um táxi.

Conforme determinara sua mãe, dona Adelaide, iriam embora de táxi, pois aquela era uma ocasião especial, não ficaria bem irem de ônibus com aquelas roupas de gala, e também porque já era tarde.

Rosely voltou junto, morava perto do apartamento de Marcos. Eram namorados há doze anos. Isso fazia com que ouvissem gozações dos amigos e vizinhos. Rosely era graciosa, morena clara com grandes e expressivos olhos castanhos e cabelos longos. Trajava um bonito vestido, mas era simples demais para chamar a atenção.

Chegaram. O prédio era simples, subiram todos ao apartamento e conversaram animados, trocando comentários sobre a festa.

Marcos estava distraído, pensava na noiva do amigo, e suspirou:

— Estou cansado, desculpe-me, Rosely, vou dormir.

— Com tantas emoções, só pode estar exausto, vá descansar, querido — disse a mãe do rapaz, que não parava de olhá-lo vestido com a beca, alugada a preço caro.

— Boa noite! — cumprimentou em tom alto uma senhora, entrando na sala. Era dona Carmem, avó materna de Marcos, que morava no apartamento ao lado. Tinha nas mãos um embrulho.

— Marcos — chamou a senhora que estava muito contente —, isto é para você. Desculpe-me por não ter ido à solenidade. Estou velha e estas festas me cansam tanto!

— Obrigado, vovó, não precisava me dar presente.

Abriu contente, adorava ganhar presentes. Era uma bonita e cara camisa. Com a chegada da avó, novos comentários sobre a formatura. Dona Carmem aproximou-se do neto:

— Marcos, já agradeceu a seus pais?

Marcos riu, e pensou: "Agradecer a meus pais? Somente minha avó mesmo para ter esta ideia. Eu, que estudei tanto..."

— Marcos — continuou a simpática senhora —, você sabe quantas horas trabalharam Dílson e Adelaide para formá-lo? Deve sua formatura a eles. Tantos jovens querem estudar e não conseguem, pois tudo é tão caro: livros, escolas etc.

— Compensá-los-ei mais tarde. Quando ficar rico, eles se aposentarão, a senhora vai ver.

— Se você pensar em enriquecer, não será bom médico, eu...

— Vovó, vovó! — Marcos interrompeu-a. — Amo a medicina e já sou um bom médico.

A senhora olhou-o, penalizada; Marcos se incomodou com a censura muda e saiu de perto dela. Gostava da avó, mas, para ele, já estava mesmo velha.

Todos conversavam animados, todavia Marcos sentiu vontade de ficar sozinho.

— Boa noite! Vou descansar — despediu-se.

— E Rosely? — indagou Solange, a irmã caçula de doze anos. — Como ela vai embora? Já são duas horas da madrugada!

— Acompanho-a. Levo você para casa — ofereceu Tárcio.

"Meu irmão quebrou o galho", pensou Marcos, despedindo-se da noiva com um simples tchau.

Retirou-se da sala e foi para seu quarto. Pensou: "Gosto dela, mas não sinto vontade de levá-la para casa e conversar sobre os mesmos assuntos".

Parou na frente do espelho e viu sua imagem refletida. Com aquela beca parecia mais alto e musculoso. Sorriu satisfeito: era bonito, pele morena, cabelos negros e olhos azul-escuro; enquanto sorria, deixava aparecer os dentes claros e perfeitos.

Olhou para seu diploma. "Um pedaço de papel escrito e desenhado, bonito, mas é um pedaço de papel." Entretanto, representava a confirmação de anos de estudo e de que estava apto a exercer a profissão de médico.

Marcos repartia o quarto com o irmão Tárcio e, naquele momento, torceu para que ele demorasse, para poder desfrutar alguns momentos a sós.

"Meu irmão deve estar com inveja", pensou.

Tárcio prestara vestibular para medicina por vários anos e não passara; desistira e fazia no momento bioquímica. Embora fosse mais velho que Marcos dois anos, Tárcio se formaria no ano seguinte.

— Eu, não! — Marcos encheu o peito de ar, demonstrando orgulho. — Passei na primeira vez em que prestei o vestibular.

Colocou o diploma em cima da escrivaninha.

— Fica aqui por hoje — determinou. — Mamãe vai levá-lo para colocar moldura e seu destino será um gabinete de luxo.

Marcos gostava de falar consigo mesmo ao estar só. Monologava e, com prazer de escutar a própria voz, disse satisfeito:

— Mamãe e papai ficaram emocionados.

Reconhecia que seus pais tinham dado duro para formá-lo. Seu pai, senhor Dílson, era dono de uma pequena padaria, a dois quarteirões do apartamento em que moravam. Levantava todos os dias às três horas da madrugada, trabalhava às vezes até a noite, menos aos domingos, que para ele eram sagrados, quando ia sempre à igreja, pois era presbiteriano. Marcos via sempre o pai cansado, mas nunca a se queixar.

A mãe, professora primária, lecionava na parte da tarde e, pela manhã, cuidava dos afazeres do lar, sempre ajudando a todos e facilitando as tarefas dos filhos. Católica, não ia muito à igreja a não ser na Semana Santa e em alguns domingos.

Os filhos às vezes iam à igreja com o pai, ou com a mãe, porém não discutiam religião em casa, isto era proibido.

Somente Gabriela, sua outra irmã, seguia a religião do pai: casara com Flávio, um presbiteriano convicto, e tinha dois filhos.

Solange era a caçula da família, "temporã", como costumavam chamá-la. Jovem inteligente, bonita, parecida com Marcos e muito estudiosa.

— Tenho uma bonita família! — suspirou, feliz.

Escreveu o endereço da tia de Mara no seu caderninho de anotações.

— Logo cedo, estarei lá. Preciso vê-la. É tão linda!

Os olhos encantadores da noiva do amigo lhe vieram à mente. Trocou de roupa, deitou-se, estava deveras cansado, e adormeceu pensando nela.

Eram oito horas quando acordou. Tárcio dormia tranquilo. Recordou a noiva do amigo e se levantou. Iria ver Mara; banhou-se, tomou o desjejum cantarolando e saiu.

Pegou dois ônibus para chegar ao endereço que recebera. Localizou a casa e, sem hesitar, tocou a campainha. Uma senhora veio atendê-lo. Quando Marcos perguntou por Mara, foi observado de cima a baixo.

— Vou chamá-la — a mulher disse secamente.

"Ufa!", suspirou. "Ainda bem que acertei o endereço. E agora, o que vou dizer a ela?"

Muitos são os chamados

Mara veio à porta, estava com roupa clara e esportiva. Marcos achou-a mais bonita ainda.

— Oi, você veio! Entra!

A conversa desenrolou espontânea, parecia que se conheciam havia muito tempo.

Marcos acabou ficando para almoçar e, às dezesseis horas, retirou-se, porque Romeu iria buscá-la logo mais, para passear. Marcaram encontro para o outro dia, passariam o domingo juntos.

Marcos voltou para casa pensando nos acontecimentos: "Por que tanto eu como Mara estamos escondendo estes encontros de Romeu?". Porque sabiam que não eram encontros de amigos, estavam fascinados um pelo outro. Sentiu ciúme de Romeu, que logo estaria com ela e era seu noivo. Teve raiva do amigo de tanto tempo, com quem tantos favores havia trocado e feito juntos tantos trabalhos e pesquisas.

"Mas mulher é à parte", concluiu. "Gostei dela e tenho a certeza de que ela se interessou por mim. Acharemos uma solução."

Não saiu naquela noite de sábado, ficou em casa pensando em Mara. Foi dormir cedo, esquecendo-se do encontro com Rosely, que o esperaria como tantas vezes.

Na manhã seguinte, Marcos levantou-se cedo e tomou o desjejum com os pais. O senhor Dílson convidou-o:

— Não quer ir à igreja comigo? Venha agradecer ao Senhor pela sua formatura.

— Não dá, papai, para o senhor agradecer a Deus por mim? Tenho um encontro marcado com os colegas que voltarão às suas cidades. Mamãe, não virei almoçar.

— Precisa de dinheiro?

Marcos afirmou com a cabeça e a mãe lhe deu. Não era muito, mas daria para levar Mara a um pequeno restaurante.

— Ninguém vai comigo orar? Somente Gabriela e meus netos — queixou-se o senhor Dílson.

— Hoje vou à missa, alguém vai comigo? — convidou dona Adelaide.

Ninguém respondeu. Marcos saiu logo e num instante chegou ao ponto de ônibus. Os amigos iriam reunir-se num restaurante perto da Universidade, para se despedir. Romeu também havia confirmado presença, mas Marcos iria encontrar-se com Mara, que, para ele, era muito mais importante.

Mara atendeu à porta, seu coração disparou. Achava-a linda, inteligente, sedutora; tinha tudo o que lhe agradava.

Passearam, andaram pelas ruas, sentaram num banco de uma pracinha, almoçaram num restaurante simples. À tardinha, levou-a para a casa de sua tia.

O recém-formado

Muitos são os chamados

Romeu partiu sozinho na segunda-feira. Mara deu uma desculpa e ficou na Capital. Marcos e Mara encontraram-se todos os dias daquela semana. Cada encontro era esperado com ansiedade por ambos. Ele contava os minutos que o separavam daquela moça envolvente e sedutora. No sábado, Mara despediu-se, pois voltaria à sua cidade na manhã seguinte.

Horas depois, Marcos se amargurava de saudade, o sorriso encantador de Mara não lhe saía da mente. Ficou carrancudo, sério e pensativo.

Rosely veio vê-lo na tarde de domingo.

— Marcos, você sumiu a semana toda! Não foi me ver!

O moço sentiu uma ponta de remorso e inventou uma mentira.

— Estou preocupado com meu futuro. Quero especializar-me em pediatria. Gostaria de fazer a especialização nos Estados Unidos ou na França. Não tenho dinheiro! Devo ir amanhã a vários hospitais tentar arrumar emprego. Certo mesmo é meu trabalho no hospital do governo, onde fiz o teste e passei. Espero resposta de um luxuoso hospital, mas o salário não será muito. Para ganhar bem é necessário ser conhecido, ter um belo e bem localizado consultório. Mas, para isso, necessito de dinheiro.

À medida que foi falando, Marcos se empolgou. Havia há muito tempo se decidido pela pediatria, porque gostava de crianças, mas estava encontrando muitas dificuldades.

— Calma, Marcos — Rosely procurou animá-lo —, sabia que teria essas dificuldades. A fama será fruto de sua dedicação e capacidade. Podemos adiar nosso casamento. Depois, posso continuar trabalhando e ajudar você.

— Trabalhar depois de casada, nunca! O que diriam meus amigos, vendo minha mulher trabalhar como simples balconista? Se ao menos você tivesse uma profissão, um diploma!

— Marcos, sou gerente da loja, meu trabalho é honesto e...
— Rosely ficou sentida.

— Eu sei, eu sei, desculpe-me. Estou nervoso. Levo você para casa.

— Tão cedo? Poderíamos ir ao cinema, andar um pouco.

— Outro dia, Rosely.

Levou-a para casa e voltou logo. Rosely não representava mais nada para ele. Comparou as duas: a antiga namorada lhe pareceu tão sem graça, enquanto Mara era demasiadamente interessante. Teve a certeza de que estava apaixonado pela noiva do amigo. Trancou-se no quarto e escreveu uma longa e carinhosa carta à Mara, confessando seu amor.

Acertou seus empregos. Trabalharia, pela manhã, num hospital afamado e particular, na pediatria, e daria plantões noturnos três vezes por semana. O ordenado não era muito, mas compensava porque seria uma forma de ficar conhecido entre pessoas de posses e, também, para conquistar futuros pacientes para seu sonhado consultório, que abriria logo que juntasse dinheiro. Na parte da tarde, trabalharia na Pediatria de um hospital do governo, perto de onde morava. Sabia que trabalharia muito, mas valeria a pena e, quando tivesse seu consultório, largaria o emprego público.

Começou a trabalhar naquela semana e esperou ansioso pela resposta da carta enviada para Mara.

Aproveitou, por estar muito atarefado, para afastar-se de Rosely. Parecia-lhe tão sem graça que, ao estar com ela, ou se queixava do trabalho ou ficava em silêncio, a pensar em seu novo amor.

Dias depois, recebeu a resposta de Mara confessando que o amava também. Sentiu-se feliz e lhe escreveu, em resposta, longa e apaixonada carta. Assim, por dois meses, eles se corresponderam com palavras ardentes e apaixonadas.

— Marcos, necessito falar com você — disse Tárcio, entrando no quarto. Vendo o irmão já deitado, indagou: — Incomodo-o?

— Se não for assunto demorado, fala. Estou cansado.

— Cansado até de Rosely?

— Por que me pergunta isso?

— Até um bobo perceberia que não liga mais para ela. Não mais se encontra com ela, anda distraído e ansioso por umas cartas... O que está acontecendo, meu irmão?

— Tárcio, não se intrometa em minha vida.

— Não é com sua vida que me preocupo, mas sim com a de Rosely. Ela é uma moça simples, sincera e trabalhadora, está a esperá-lo todos esses anos.

— Não a obriguei, esperou porque quis — Marcos se defendeu.

— Esperou porque a namorava. Você é um ingrato! — Tárcio abriu a porta do armário. — Suas roupas, as melhores, quem as deu? Foi ela, com seu trabalho. Quem sempre pagou suas despesas quando saíam? Será, Marcos, que sua doce namorada de infância merece ser enganada? Será que Rosely não merece uma explicação? Ou primeiro vai se casar com a outra e avisá-la depois?

— Não é bem assim, Tárcio. — Marcos contou ao irmão o que se passava e finalizou: — Não planejei nada, aconteceu. Mara é linda e apaixonei-me por ela. Gosto de Rosely, porém não a amo. No coração não se manda.

— É certo que no coração não se manda. O que não é certo é você enganar Rosely.

— Que faço? — Marcos quis ouvir a opinião do irmão.

— Use de honestidade, termine com Rosely, embora sinta que esteja jogando uma joia rara fora. Ela seria uma companheira, uma esposa amiga. Está sofrendo com sua indiferença.

— Sofre?!

— Está abatida, você não notou? – perguntou Tárcio.

— Vou acertar tudo isso.

Marcos se levantou e escreveu uma carta para Mara, pedindo que viesse a São Paulo, para conversarem e acertarem a situação. Não dava mais para esconder o amor que sentiam.

Mara veio dias depois. Ao ficarem a sós, na sala da casa de sua tia, abraçaram-se, trocaram beijos apaixonados e muitas juras de amor.

Combinaram desfazer naquela semana o namoro e o noivado, depois dariam um tempo e anunciariam o namoro deles.

Mara ficou dois dias em São Paulo, e Marcos passou todas as horas livres ao lado dela. Ela concordava com a ambição do recém-formado e ele se encantava com a descoberta de sua "alma gêmea". Tinham as mesmas ideias, sonhos e gostos. Poderiam conversar horas sobre assuntos interessantes.

Mara partiu. No dia seguinte, Marcos foi esperar Rosely na saída do trabalho. A gerente da loja se alegrou ao ver o namorado à sua espera, mas ele sentiu até mal-estar por ver a moça feliz.

Marcos convidou-a para ir até uma sorveteria, onde conversariam sossegados. O médico tomou metade de seu sorvete em silêncio. Rosely, a princípio, tentou conversar com ele, porém, vendo-o silencioso, calou-se e esperou. Marcos tentava adquirir coragem, pois seriam desagradáveis as explicações que teria de dar à namorada de tanto tempo. Enfim, falou:

— Rosely, estou apaixonado por outra. Não é justo continuar este ridículo namoro, espero que você entenda. Sinto muito.

Muitos são os chamados

Rosely não respondeu de imediato, desconfiava que o namorado pudesse estar tendo alguma aventura. Não acreditava que fosse algo sério, nem que ele terminasse o namoro daquela forma grosseira. Esforçou-se por não chorar, suspirou e olhou para ele.

— Poderia ser mais delicado, senhor doutor. Quem é ridículo é o senhor, e não o nosso namoro. Deveria ser mais educado com essa idiota que lhe dedicou tanto tempo e juventude. Mas fique tranquilo, não estou a cobrar nada, você não teria como pagar. Há quanto tempo está apaixonado por outra? Há quanto tempo me engana? Você é um cínico! Seja infeliz com ela! Desejo a você tudo o que fez comigo.

Levantou-se. O rapaz teve a intenção de acompanhá-la, entretanto ela o parou e ironizou:

— Poupo-lhe este ato ridículo: um médico não deve estar na companhia de uma honrada mulher... uma simples balconista!

Rosely saiu apressada. Marcos voltou a sentar-se, enxugando o suor do rosto.

"Ufa!", pensou. "Foi difícil, mas sinto-me aliviado. Estou livre para Mara. Será que ela já terminou o noivado com Romeu?"

Tranquilamente foi para casa e chegou quando seus familiares estavam jantando. Aproveitou por estarem todos juntos e deu a notícia:

— Comunico a vocês que Rosely e eu terminamos o namoro. Foi definitivo.

Eles se espantaram, pois Rosely era querida por todos e o casamento deles era dado como certo. Marcos não esperou que o susto passasse, continuou:

— Peço-lhes que não interfiram, porque não adiantará. Estou apaixonado por outra e espero que a aceitem, porque vou me casar com ela, vocês querendo ou não.

Todos começaram a falar ao mesmo tempo. Marcos saiu, era sua noite de plantão.

Depois desse comunicado, Marcos passou a ficar cada vez menos em casa. Se alguém tocava no assunto do namoro desfeito ou no nome de Rosely, saía de perto, não permitindo intromissões ou conselhos. Não viu mais a ex-namorada nem quis saber como estava.

Mara também terminou o noivado sem muitos problemas. Romeu a amava, mas estava prevendo o rompimento, pois sentia a indiferença da moça.

Mara, após duas semanas, viajou a São Paulo, e eles ficaram noivos. Conforme planejaram, esconderam o fato, dando um tempo para anunciar o compromisso. Um dia após Mara ter regressado à sua cidade, Marcos, ao dirigir-se ao hospital, defrontou-se com Romeu, que o esperava.

— Não me conhece mais, Marcos? Ou, depois de tomar minha noiva, ignora-me?

— Oi! — respondeu Marcos, recompondo-se do susto. — Como vai?

— Bem. E você, miserável?

— Calma, Romeu. Nós não planejamos traí-lo, aconteceu...

— Era meu amigo, e ela, minha noiva!

— Sua ex-noiva.

— Que seja! Vocês se merecem. Vim só para olhar sua cara de sem-vergonha, traidor!

— Não deve me ofender. Sou seu amigo.

— Amigo? Você é tudo, menos amigo. Você ainda vai precisar de mim!

— Você logo esquecerá, você...

— Claro, não se preocupe. Mara é frívola, traidora, não me interesso mais por ela. Quem fica com dois, pensa em três.

Muitos são os chamados

Por ela ia deixar de me especializar por dois anos nos Estados Unidos. Agora vou, parto amanhã. Espero não vê-los mais. Desejo a você, meu falso amigo, muita infelicidade e poucos anos de vida. Até nunca!

Romeu virou-se, andou rápido e tomou um táxi. Marcos ficou olhando-o.

"Que imbecil!", pensou. "Está despeitado!"

Marcos e Mara passaram a se encontrar mais, ela vinha sempre a São Paulo, e ele, também, ia à casa dela. No início, a família dela deixou claro que Romeu era o preferido; aos poucos, porém, foram aceitando-o.

Marcos somente pensava em Mara e no trabalho. Ficou indiferente com seus familiares e não tinha tempo nem para conversar com eles. Os dois planejaram se casar logo, deixando o consultório para depois.

A doença

Muitos são os chamados

Meses se passaram. No final de novembro, durante um plantão, Marcos sentiu-se mal e desmaiou. Ficou minutos sem sentidos. Outro médico, seu colega, o examinava, quando voltou a si.

— Doutor Marcos, vejo necessidade de você fazer vários exames.

— Isso é somente estafa, doutor Guilherme. Tenho trabalhado muito.

— Não penso assim. Faça os exames, para nossa tranquilidade.

Marcos deu uma olhada nos exames pedidos.

"Brincadeira!", pensou. "O doutor Guilherme acha que estou mal. Eletros, exames de sangue! Bobagem! O desmaio é porque estou trabalhando demais, não voltará a acontecer."

Passados dois dias, como não sentisse mais nada, rasgou os pedidos de exame. No outro dia, porém, novo desmaio; dessa vez em seu apartamento, quando se preparava para jantar. Os familiares tudo fizeram para reanimá-lo. Não conseguindo, levaram-no para o hospital do bairro onde trabalhava. O doutor Guilherme o socorreu. Marcos voltou a si após duas horas, com forte dor de cabeça.

— Não fez os exames que lhe pedi, não é, doutor Marcos?

— Não, pensei que não seriam necessários, eu...

— Veja os medicamentos que administrei para reanimá-lo. Isso não é estafa! Deve procurar sem perda de tempo um neurologista.

— Tenho meu professor, ou melhor, meu ex-professor da Universidade.

— Ótimo, marque uma consulta.

Depois de tomar um analgésico, Marcos voltou para casa com os pais, que não conseguiram esconder suas preocupações. Ele se esforçou para tranquilizá-los, dizendo ser cansaço. Porém, ele também estava preocupado.

Logo pela manhã, telefonou para a residência de seu ex-professor, contando-lhe o ocorrido e pedindo que o examinasse.

Doutor Marcondes, assim se chamava seu ex-mestre, mandou que fosse imediatamente ao seu consultório, pois o atenderia antes da primeira consulta marcada.

Doutor Marcondes era calmo, tranquilo e de grandes conhecimentos. Examinou Marcos, entre conversas e risos, falando sobre os tempos em que ele estudava. À medida que o examinava, foi se inquietando e se esforçou para não parecer preocupado.

— Marcos, necessito de exames para dar o diagnóstico. Passemos para a outra sala, onde faremos radiografias e eletroencefalogramas.

Marcos, um tanto apreensivo, acompanhou o professor.

Ao terminar o eletro, o doutor Marcondes examinou-o concentrado, calado. Marcos foi até ele e tentou olhar o resultado.

— Alterações?! — perguntou.

— Deixa que eu examino. Somente poderei dar o diagnóstico com todos os exames prontos. Deve voltar daqui a dois dias. Vá tranquilo e não se preocupe.

Marcos voltou para casa, não conseguiu se acalmar: o que vira no eletro não era nada bom, deveria estar realmente doente e talvez fosse algo grave.

No outro dia, como Marcos demorara para se levantar, sua mãe foi acordá-lo e o encontrou desmaiado. Despertou logo, porém sem saber o tempo que estivera sem sentidos. Não conseguiu levantar-se, de tanta dor de cabeça; aí vomitou, e eram vômitos em jatos, sem náuseas.

Muitos são os chamados

Dois dias demoraram a passar. Marcos contava as horas, quando deveria estar novamente com o doutor Marcondes.

Muito nervoso, lá estava antes da hora marcada, e foi recebido com carinhoso abraço.

— Marcos, que é isso? Nervoso? Não deve ficar assim. O que poderá ter de grave com um moço tão forte? Veja os exames.

Com naturalidade, doutor Marcondes mostrou-lhe os exames.

— Um tumor encefálico?! — Marcos exclamou, empalidecendo. — Por isso minha cefaleia matinal, meus vômitos em jato, sem náuseas.

— Está localizado numa área delicada do cérebro, porém aconselho uma cirurgia, e o mais breve possível. Poderei operá-lo, se quiser. Ficará bom, não deve se preocupar.

— Pode ser um tumor maligno! Um câncer!

— Pode não ser! Aposto com você que não é. Confio que não seja grave. Fique com os exames, estude-os e esteja à vontade para mostrar a outros profissionais.

— Não existe outro médico melhor na sua especialidade, professor. Admiro-o!

— Obrigado. Poderá ser operado no hospital da Universidade, assim não gastará nada e estará entre amigos.

— Isso é bom! Confesso que não tenho dinheiro para este gasto, nem minha família.

— Pense, Marcos, e, quando chegar a um resultado, telefone-me ou se encontre comigo, na Universidade, sempre às dezesseis horas. Marcaremos tudo.

Marcos foi para o hospital trabalhar, e procurou fazer tudo rápido, para ter tempo de pensar e rever com atenção os exames. Somente teria chance se operasse. Pediu licença do trabalho e foi encontrar-se com o doutor Marcondes na Universidade.

Resolveram. Ele ia submeter-se à cirurgia, e a marcaram para dali a dois dias.

Marcos teve licença nos dois empregos e foi para casa. Contou aos familiares, mas procurou esconder sua apreensão, pedindo-lhes para não se preocuparem e que a cirurgia seria simples, contudo necessária.

No dia seguinte de madrugada, com a intenção de não regressar tarde, foi visitar Mara, a fim de colocá-la a par da situação. Ela ficou muito preocupada. Marcos tentou acalmá-la, conversando sobre assuntos que apreciavam. Ao sentar-se para almoçar, sentiu tudo rodando e caiu: a cabeça doía-lhe terrivelmente.

Acomodaram-no no sofá, e ele pediu que lhe aplicassem um analgésico. O farmacêutico foi chamado e lhe deu uma injeção, Marcos desmaiou. Chamado o médico da família, Mara lhe contou o acontecido e o clínico procurou reanimá-lo. Ele voltou a si, uma hora e quarenta minutos depois, e vomitou.

Temendo que voltasse sozinho, o pai de Mara e ela o trouxeram de carro a São Paulo. Seu genitor regressou no mesmo dia, mas Mara ficou, porque queria estar perto do noivo na cirurgia.

Marcos ficou acamado até a hora de ir para o hospital. Estava esperançoso e animou a todos. Confiava no doutor Marcondes e sabia o tanto que era competente.

No outro dia cedo, acompanhado de Mara e de seus familiares, Marcos dirigiu-se ao hospital. Após os preparativos, levaram-no para a sala de cirurgia. Um grupo de estudantes assistiria à cirurgia. Com votos de felicidade e sorte da turma, Marcos adormeceu com a anestesia.

Horas se passaram...

Sentia vultos perto, teve vontade de abrir os olhos, tentou falar, mas somente saiu um murmúrio, quando sentiu apertarem levemente sua mão e escutou a voz carinhosa de sua mãe.

Muitos são os chamados

— Tudo bem, filho! Já está operado e no quarto. Tudo correu bem. Vai ficar bom logo. Nada de grave.

Sentindo-se mais tranquilo, adormeceu.

Acordou com o doutor Marcondes examinando-o.

— Marcos, você está bem! A cirurgia foi um sucesso.

— Diga-me, professor, é câncer? — Marcos quis saber.

— Não. Os exames acusaram um tumor benigno.

— Ufa! Que bom!

Em todos os horários de visita, Mara esteve com Marcos, animando-o e distraindo-o. Dizia-lhe, brincando:

— Você está horrível, careca. Se o seu cabelo não crescer, não me caso com você.

A família de Marcos, ao notar a moça tão paciente e amorosa, passou a vê-la com mais simpatia.

Marcos teve alta e foi para casa. Lá, todos procuravam ajudá-lo, principalmente sua mãe, que se desdobrava em cuidados e carinhos.

Após duas semanas, Mara voltou para casa, mas vinha vê-lo todo fim de semana. Rosely não o visitara. Marcos preferiu assim, embora não entendesse o porquê de tanto ressentimento.

Quando já se sentia bem e forte, o doutor Marcondes permitiu que voltasse ao trabalho, mas sem dar plantões noturnos.

Marcos e Mara oficializaram o noivado numa pequena recepção na casa dela, ocasião que serviu para as duas famílias se conhecerem. Casariam assim que Marcos se organizasse novamente.

Seis meses se passaram.

Marcos conseguira juntar pequena quantia de dinheiro, pois pensava em comprar um carro para lhe facilitar a vida. Também, poderia ver a noiva com mais comodidade, e ela estava acostumada com esse luxo.

Pouco tempo depois, começou ele a sentir novamente dores de cabeça, entretanto não contou a ninguém. Após uma crise mais forte, preocupou-se e marcou uma consulta com o doutor Marcondes.

No caminho para a consulta, Marcos desmaiou no ponto de ônibus e foi levado para um pronto-socorro. Acordou com uma enfermeira medindo sua pressão e outra lhe fazendo curativos, porque, ao cair, machucara o queixo e o braço esquerdo.

— Pode deixar, obrigado, sou médico — informou ele.

Dizendo isso às enfermeiras, quis levantar, contudo não conseguiu, porque sua cabeça doía terrivelmente.

Somente depois que o analgésico fez efeito, pôde tomar um táxi e chegar ao consultório, para a consulta marcada.

Após cumprimentar doutor Marcondes, Marcos narrou-lhe o acontecido.

— Doutor, o senhor acha que essa dor pode ser outro distúrbio? Ou novamente um tumor... — perguntou Marcos um tanto nervoso.

— Marcos, você é médico e foi bom aluno. Creio que já o enganamos bastante. Veja, aqui estão seus exames. Tem câncer. O tumor está localizado numa área perigosa. Pouco pudemos fazer. Mandei cópias dos exames ao melhor e mais equipado hospital da América do Norte, e eles são da mesma opinião. Não é aconselhável operar mais. Tiramos um bom pedaço dele, mas não o tumor inteiro. Sinto muito por não ter conseguido curá-lo. Consideramos melhor você ficar sem drogas, porque elas, no seu caso, iriam fazê-lo sofrer mais.

Marcos abaixou a cabeça, sentiu estar flutuando, pois não queria acreditar no diagnóstico. Sabia, porém, ser verdade. Iludira-se. Acreditara tanto na cura, que anulou seu raciocínio de

Muitos são os chamados

médico. Ecoavam fortes em sua mente as palavras do cirurgião. Os exames ficaram soltos no seu colo, não teve coragem de olhá-los. Após silenciosa pausa, doutor Marcondes voltou a falar:

— Marcos, sinto muito. Agora não tenho como mentir, porque você é um profissional.

— Alguém mais sabe?

— Seus pais — respondeu o médico.

— Esconderam bem.

— Foi melhor você não saber.

— Agradeço-lhe por tudo. Não sei o que fazer agora. O que me aconselha?

— Se quiser fazer algum tratamento...

— Seria inútil. Quanto tempo tenho? — Marcos estava desolado.

— Quem sabe dizer? Se acreditasse em Deus, diria que somente Ele sabe. Não quero fazer uma previsão. O tempo que esteve sem sentir nada foi além de nossa expectativa. Leve os exames, estude-os, estarei aqui para ajudá-lo no que quiser. Marcos, sabe como se medicar, mas aqui está a receita. Deve deixar seus empregos.

Marcos pegou os exames e saiu sem se despedir, estava revoltado, teve vontade de xingar todas as pessoas que via. Conteve-se para não insultar o doutor Marcondes por não ter tentado um tratamento logo após a cirurgia, por ter lhe escondido o resultado. Foi para casa desanimado, parecia que tudo estava cinzento o que antes achava tão bonito.

Esperança

Muitos são os chamados

Pegou um táxi para voltar à sua casa. O apartamento estava silencioso, todos haviam saído. Marcos se trancou e tratou de estudar, em seu quarto, todos os exames que o doutor Marcondes lhe entregara. Verificou que estava vivo por milagre. Não tinha muito tempo de vida e nada se podia fazer. Qualquer tratamento só o maltrataria, além de custar muito dinheiro.

Antes do horário em que a mãe costumava chegar, abriu o quarto. Não querendo no momento conversar com ninguém, tomou um sonífero, acomodou-se no leito e adormeceu.

Como a depressão influi na doença, ou melhor, no doente, no outro dia os pais se assustaram ao vê-lo: estava abatido, com olheiras, curvado, havia emagrecido.

Marcos se levantou, aproveitou que estavam todos juntos para o desjejum e narrou o que lhe ocorria, com voz pausada e de cabeça baixa. Pediu que tivessem paciência com ele, mas não piedade. Seus irmãos se assustaram, esforçando-se para não chorar, mas os pais, que sabiam de tudo e estavam angustiados na espera da recaída, não aguentaram e choraram muito.

— Podemos implorar sua cura a Deus, meu filho, faremos promessas — a mãe tentou anima-lo.

— Não se devem chantagear favores, Adelaide. Devemos pedir graças, mas não as trocar por promessas — opinou o senhor Dílson.

— Deus! Deus não é justo, mamãe, não é. Tantas pessoas inúteis, vadias e logo eu é que fico doente?! Eu, que começo a exercer uma profissão para a cura de tantas pessoas!

— Não diga isso! — pediu o pai. — Tenho e devemos ter esperanças. Nossa vida pertence a Deus e acredito na Sua justiça, embora não a entenda.

— Não me lembro de Deus. Nesses anos todos, não pensei Nele. Será que vai se preocupar comigo? — lamentou o doente.

Todos se calaram. Com a intenção de contar à Mara, telefonou-lhe, porém não teve coragem. Esperou sua vinda, no fim de semana.

Afastou-se dos empregos e ficou em casa, sem coragem nem vontade de sair. Como combinado, na sexta-feira, Mara veio e se assustou ao vê-lo. Marcos contou-lhe tudo, sem esconder nada.

— Desfaremos o noivado, Mara. Adoro-a, mas desde agora você já é livre.

— Não e não! Estarei sempre com você!

Ficou, como sempre, por dois dias e passou-os com Marcos, porém não agia mais com a mesma espontaneidade. Mara o tratava como moribundo, pois não sabia ao certo o que fazer. Sentia-se aliviada na hora de ir embora. Começou então a afastar-se do noivo.

Marcos pensou em trabalhar para se distrair, mas podia desmaiar a qualquer momento e, também, não sentia ânimo para nada. Alimentava-se pouco e as dores já eram constantes. Passaram-se duas semanas e estava fraco, parecia outro. Doutor Marcondes o internara, para fortificá-lo com sangue e soro.

No hospital, colocaram-no numa cadeira de rodas, para ser conduzido ao quarto. Observava os corredores distraído, por onde passara tão cheio de sonhos e ansioso de poder. Esforçou-se para não chorar. A enfermeira, ao conduzi-lo, parou para conversar com uma outra que abrira a porta. Marcos olhou para dentro da ala infantil, ali estavam os infantes enfermos. Sem dúvida, iria tratar deles, se não estivesse doente. Havia muitas crianças, algumas dormindo parecendo tristes, outras chorando de dor ou pela falta dos entes queridos.

Muitos são os chamados

"Engraçado", pensou, "vejo-as de modo diferente, não como médico; sinto compaixão por elas, vejo-as como pessoas que, do mesmo modo que eu, sofrem."

— Morreu!

A voz de espanto da moça que o conduzia fez com que Marcos prestasse atenção nelas.

— Sim, o menino morreu. Doutor Rui lutou para salvá-lo, mas não conseguiu.

— Como é a vida! Alguns pais são tão amorosos, deixam em pranto os filhos aqui internados, outros... Quanto desamor, surrar uma criança assim.

— Além do traumatismo craniano, teve outras fraturas!

— Será que o pai vai ser preso?

— Ora... não tenho conhecimento de um pai ou mãe preso por surrar filhos, ainda mais que é um figurão.

— Estava bêbado?

— Sim! Dizem que foram a uma festa e deixaram a criança sozinha, e quando voltaram de madrugada o garoto pôs-se a chorar de medo; para que se calasse, o pai o surrou.

— Tomara que nunca mais eles consigam dormir, pais irresponsáveis. Que laudo deram?

— Que o menino caiu.

— Se fossem pobres...

— Ora, Mercedes, não é a primeira vez que isso acontece, já tivemos muitos casos e com crianças mais pobres ainda.

— Sei, mas revolto-me. Tantos querendo ter filhos, e outros os têm e os matam, e com pancadas. E sempre encontram desculpas para seus atos: porque os pequenos choram muito, ou por não terem dinheiro, ou ainda por brigas entre eles, cônjuges. Descontam nos filhos suas frustrações e são realmente assassinos.

— Dia chegará em que entenderão o que fizeram e sofrerão as consequências dos seus erros.

A enfermeira continuou seu caminho, entrando num quarto; Marcos foi colocado no leito e ali ficou a sós a meditar, enquanto lentamente lhe ministravam sangue e soro.

Marcos chocou-se com o que ouvira: tantos a lutar pela vida, e outros a destruí-la, como aquele pai inconsequente.

"Estou ficando sensível", pensou.

Mara lhe fazia falta. Deu mil desculpas e não foi vê-lo naquele fim de semana. Entendia o procedimento da noiva. Eram eles parecidos. Como ele não seria capaz de se dedicar com amor a um doente, ela agia assim também: ambos amavam a vida, a beleza...

Acabou chorando.

"Oh!", pensou, "se Deus me desse outra oportunidade, mais tempo! Iria dedicar-me à profissão com amor. Seria, para as crianças pobres, o alívio, o consolo, a cura. Não pensaria mais em enriquecer. Trataria dos doentes com mais carinho."

Esses pensamentos passaram a acompanhá-lo. Mudaria sem dúvida, se não morresse.

Voltou para casa sentindo-se fortalecido. No lar, tinha tempo de sobra para pensar, ler, ver televisão. Às vezes, tinha vontade de pegar seus livros e estudá-los.

"Para quê? Que me adiantarão mais estudos?"

Mas acabou pegando-os. Lia-os com atenção e carinho, recordando as aulas e as brincadeiras da turma toda.

Rosely veio visitá-lo: estava tranquila, bem arrumada e risonha. Quando chegou, sentiu-se um pouco embaraçada, mas depois o assunto veio naturalmente sem se mencionar a doença.

Muitos são os chamados

— Meu bem — Tárcio dirigiu-se a ela —, vamos?

Marcos percebeu que o irmão e ela se entendiam... namoravam. Há tempos, não prestava atenção nos problemas familiares, vendo somente os seus. Nem se importou com Rosely, todavia ela não lhe guardava rancor. Estava alegre por vê-lo.

— Meu irmão! — exclamou Tárcio. — Há muito tempo, gosto de Rosely. Quando vocês romperam, conversamos muito e vimos o quanto temos em comum. Namoramos, espero melhorar meu ordenado para nos casarmos.

— Você me abriu os olhos, Marcos. A convivência nos enganou, pois pensei que o amava, mas ao conhecer melhor Tárcio foi que descobri o amor. Ele é o homem de minha vida!

Marcos sorriu e se esforçou para aparentar alegria, ao despedir-se de sua ex-namorada. Ao ficar a sós, meditou:

"Que bem fiz na minha vida? Muito pouco! Nem amigos tenho. Pensei somente em mim, aí está a colheita. Mesmo Rosely, que julguei me amar, se enganara.

Mara está tão distante e prefiro assim, uma vez que estou virando um farrapo humano e sei que vou piorar; ela amou o jovem cheio de vida e de entusiasmo que fui. Sinto saudade, mas não a quero por perto; vê-la seria um tormento."

Escasseavam as visitas da noiva e, quando estavam juntos, pouco conversavam. Ela não sabia o que dizer e ele temia que ela tivesse somente pena dele.

Marcos lembrou de Romeu. Certamente seu ex-amigo sofrera com sua traição. Recordou-se do ódio dele no último encontro.

"Seria bom que me perdoasse e que estivesse feliz!"

Num impulso, escreveu aos pais dele, solicitando seu endereço nos Estados Unidos.

— Quando o obtiver, escreverei pedindo desculpas. Afinal, não quero deixar mágoas por aqui — falou baixinho.

A porta do quarto se abriu num empurrão.

— Achei uma solução!

Dona Carmem entrou, seguida de sua mãe e Solange. Sua avó estava entusiasmada, corada pela excitação, e falou gesticulando. Todos prestavam atenção nela, e a boa velhinha não se fez esperar para a explicação:

— Encontrei hoje na cidade Flora, uma amiga que mora no Brás. Havia muito tempo que não nos víamos, conversamos bastante. Contei a ela que você está doente. Flora então me deu uma grande esperança de solução. Francisco, seu esposo, estava com câncer no esôfago e desenganado pelos médicos, quando ficaram sabendo de um centro espírita, no interior de São Paulo, onde ocorriam curas milagrosas. Foram até lá e gostaram muito. Francisco foi operado lá, espiritualmente, e se curou. Vive bem até hoje, já faz três anos!

— Meu filho, num centro espírita!! Imagine!

— Calma, mamãe — pediu Marcos interessado. — Continue, vovó.

— Se quiser saber de tudo com detalhes, meu neto, amanhã poderei ir à casa de Flora e obter informações, inclusive endereço e tudo o mais que nos interessar. Tenho certeza de que aí está a resposta às nossas preces. Acredito que Deus sempre permite um filho Dele ajudar a outro, mais necessitado. Agora, você é o necessitado. Busque e achará. Deus permite que seus filhos se ajudem, é um irmão auxiliando outro. O Pai Amoroso não deixará de ajudar-nos, pois tenho orado muito!

O doente comoveu-se e abraçou a avó.

— Obrigado, vovó, por sua preocupação e carinho. Quero, sim. Vá amanhã e, se possível, traga-me os exames do senhor Francisco.

— Vai mesmo, filho, a um centro espírita? Você não acredita nisso!

— Nem desacredito. A medicina não pode me curar. Por que não tentar outros meios? Comentávamos muito na Universidade casos paranormais em que se realizavam curas. Eram curas comprovadas, e se aconteceram por autossugestão ou pela força mental de certas pessoas não se sabe, o fato é que podem acontecer. Fui educado, mamãe, entre duas religiões e amo as duas, isso me fez entender que Deus está em todas. E por que não no Espiritismo?

— Eles mexem com os mortos! — a mãe exclamou, abaixando a voz.

— Bobagem! Usam uma parte do cérebro que poucos conseguem usar, é somente isso. E mortos não são pessoas também? Não vejo nada de mais. Mamãe, me arrependo por não ter seguido nenhuma religião. Nada melhor que sofrer tendo o conforto de uma religião e se ligando a Deus, porque acredito no Absoluto, no Criador do Universo.

— Nunca ouvi você falar assim! — exclamou Solange, que até aquele momento escutara em silêncio.

— Nunca me viu doente...

— Tem razão — concordou dona Adelaide —, devemos tentar, se não fizer bem, mal não fará.

— Estamos combinados, amanhã cedo irei à casa de Flora. Estou tão esperançosa!

Marcos estava com muitas dores, por isso pediu para ficar sozinho. Quando tomou o remédio para amenizá-las, pensou:

"Que bom seria se eu sarasse!... Ajude-me, meu Deus! Se ficar bom novamente, trabalharei com dedicação e amor. Sanarei dores em Teu nome."

Pela primeira vez, sentiu esperança.

Adormeceu.

O almoço não tinha sido servido, quando dona Carmem regressou. Viera contente, entrou no apartamento com tanto entusiasmo, que todos foram à sala para vê-la. Trouxera o senhor Francisco, que havia tempo a família não via. Após os cumprimentos, o senhor Francisco dirigiu-se a Marcos:

— Meu filho, tive câncer e realmente sarei. Fui operado por duas vezes no Hospital do Câncer, e sofri muito nessas cirurgias sem ter melhora. Estava marcado para morrer em breve, pois o câncer me consumiria. Sabendo das curas realizadas no Espiritismo, fomos duas vezes ao centro espírita e deu resultado. Curei-me lá, sem dores nem sangue. Graças a Deus estou bem, gozando de excelente saúde. Trouxe meus exames, analise você mesmo, pois é médico. Estes são os de antes de ser operado no centro espírita e esses os que fiz depois, comprovando a cura.

Marcos pegou os papéis e examinou-os. À medida que os lia, enchia-se mais ainda de esperança.

— Então, Marcos, o que me diz?

— Tem razão, senhor Francisco, o senhor está curado e a medicina terrestre não soube explicar o que aconteceu.

— Você também ficará curado!

Essas palavras permaneceram na mente de Marcos e foram tomando força: "Você será curado! Eu sarei!"

— Vovó, quero ir! Por favor!

— Não é tão fácil assim — informou dona Carmem. — Lá não se cobra nada, tudo é feito com amor e caridade. Há dias certos para atendimento e terei de conseguir uma consulta.

— Consulta?!

Muitos são os chamados

— Marcos — explicou o senhor Francisco —, o médium que opera e as pessoas que o ajudam são cidadãos comuns, que têm seus afazeres, trabalho e família. Atendem os doentes três vezes por semana. Uma vez é para consultar, quando se analisa o que o doente tem; na segunda, é para operar e, na terceira, para dar o receituário e os passes.

— Passes? — indagou Marcos, curioso.

— Energias curadoras — esclareceu o senhor Francisco.

— Quero ir! — repetiu Marcos.

No centro espírita

Muitos são os chamados

Dona Carmem organizou tudo sozinha e viajou para o interior. Encontrou o Santuário Espiritual Ramatis da cidade de Leme e marcou consulta para o neto, voltando mais entusiasmada ainda com os casos que ouvira.

No dia certo, saíram cedo de São Paulo. Marcos não se sentia bem, pois tinha dores e fraqueza. Fez viagem desconfortável no antigo automóvel do cunhado, que gentilmente o emprestara para esse fim. Não se queixou, porque estava esperançoso e sua vontade de se curar era grande.

O trabalho espiritual iria começar à noite. Foram então procurar alojamento num pequeno e simples hotel da cidade.

Antes da hora marcada, lá estavam. Marcos gostou do lugar; a casa espírita era cercada por um bonito e singelo jardim, e o salão era grande e simples.

Marcos, curioso, observou tudo: na parte da frente, no centro, havia plantas e flores, e, na parede, via-se um lindo e encantador quadro de Jesus Nazareno com os braços abertos, distribuindo graças.

Teve início o trabalho espiritual e deixaram acesas somente as luzes da frente; o salão ficou com uma claridade suave e agradável, convidando à meditação e oração. Os médiuns que ali auxiliavam entraram, destacando-se um senhor simpático, que Marcos veio a saber que se chamava senhor Waldemar. Falou ele aos presentes com voz firme e todos prestaram atenção. Marcos se emocionou e procurou entender a mensagem. O que guardou dela foi mais ou menos o seguinte:

— Irmãos, muitos são os chamados e poucos fazem por serem escolhidos. Aqui estão à procura da cura de seus males. Depois de curados, são chamados por Jesus para uma vivência mais espiritual, mais humana, lembrando que somos todos irmãos e que Deus é Pai de todos.

Porém, há muitos aqui que, curados de seus males físicos, esquecem esse apelo, esse chamamento, e voltam à vida fútil. O que temos de fazer para sermos escolhidos? Exemplos Jesus nos deu e estão aí nos Evangelhos. Amem a todos sem distinção, todas as pessoas são nosso próximo. Façam, meus irmãos, o bem; evitem os abusos e o mal. Despertem para as coisas de Deus. Muitos irmãos nem querem ser chamados; outros, chamados, deslumbram-se mas esquecem logo. Vocês, aqui presentes nesta simples e humilde casa do Pai, estão sendo chamados. Façam por merecer serem escolhidos. Despertem para uma nova vida, mudando os hábitos maus por costumes bons, vivendo no amor, no bem e para o bem.

Quando o senhor Waldemar acabou, o silêncio continuou a reinar. Separaram-se: os médiuns foram para as salas ao lado e ficaram no salão os que iam ser consultados e seus acompanhantes.

Marcos ficou meditando no que ouvira, até ser chamado a entrar em uma das salas.

O lugar era modesto, simples. O senhor Waldemar estava presente, e a fisionomia do médium mudou um pouco, estava tranquila, irradiando amor e paz.

— O que tem, meu filho?

A voz era diferente, com sotaque estrangeiro, dando uma enorme confiança nos consultados.

— Senhor Waldemar, eu...

— Por favor, meu filho, senhor Waldemar é o aparelho, o médium; agora, é um médico quem lhe fala.

— Tenho câncer.

Silêncio.

Após um minuto, Marcos escutou, surpreendendo-se:

Muitos são os chamados

— Um tumor encefálico.

O médium colocou a mão na cabeça de Marcos, no lugar exato do tumor.

Falou alto a uma senhora que estava tomando nota o que Marcos tinha com exatidão e, voltando-se a ele, disse:

— Os médicos encarnados já o operaram e não conseguiram curá-lo. Confie, filho, peça ao Pai sua cura.

Marcos foi encaminhado à outra sala. Entrou, sentou-se e foi rodeado por médiuns.

Dois deles começaram a falar, em transe. Marcos, porém, prestou atenção no que um dos médiuns, um moço, falou:

— Ora, para que curá-lo? Por que vocês se preocupam com pessoas ruins, egoístas? E ainda querem tirar suas dores! Ele não presta! Só pensa em si mesmo. Roubou a noiva do amigo! Tem de morrer! Demorei para achá-lo e agora querem que o deixe. Somos inimigos de outras eras. Esperava uma oportunidade para maltratá-lo. Foram dois encarnados que, conosco, desejaram isso. Ele merece! Tenho aval, ele nesta encarnação não melhorou. Pisa em quem o atrapalha.

Um outro médium, um senhor, conversou com o espírito e o aconselhou da necessidade de perdoar e ir embora para o mundo espiritual, onde seria feliz, e que deveria deixar os encarnados em paz.

Os médiuns voltaram ao normal e Marcos foi convidado a sair. Encaminharam-no para a frente da sala, onde estava o quadro de Jesus. Outros médiuns impuseram-lhe as mãos e todos oraram o Pai-Nosso. Marcos orou com fé:

"Meu Jesus, hoje fui realmente chamado, cura-me e tudo farei para ser escolhido."

Novamente sentou-se em seu lugar. Após todos serem atendidos, os médiuns se reuniram novamente no centro, e uma senhora recitou uma oração gloriosa que muito o emocionou. A Prece de Cáritas, conforme informaram depois para Marcos.

Acenderam-se as luzes, ele recebeu um papel que marcava, em caráter de urgência, sua operação para segunda-feira próxima.

Voltaram ao hotel e Marcos dormiu bem a noite toda, fato que havia tempo não ocorria.

No dia seguinte, comentaram os acontecimentos da noite anterior e concluíram que não haviam entendido muito.

Dona Adelaide voltou a São Paulo, permanecendo com Marcos seu pai e a avó, para retornarem na quarta-feira pela manhã.

Na tarde de sábado, ajudado pelo pai, saíram do hotel, indo a uma pracinha. Perto de uma banca de jornal, Marcos viu um senhor e reconheceu ser da equipe de médiuns do Santuário Espiritual Ramatis.

— Boa tarde — Marcos cumprimentou-o e apresentou-se.

O médium respondeu educadamente, apresentando-se também, e sentaram-se num banco à sombra das árvores.

— Por favor, senhor Netinho, fale-nos um pouco sobre o trabalho espiritual de vocês. Explique-nos o que ocorreu comigo.

— Nada há que possa espantar, meu caro jovem, tudo é tão simples e explicável. Assim como se exerce a medicina com amor, aqui como encarnado, poderá, se se quiser, exercê-la desencarnado. Quem faz o bem aqui poderá fazer melhor do lado de lá. A medicina espiritual é bem mais evoluída e mais bem equipada, por isso puderam localizar com precisão o tumor de que é portador. São muitos os desencarnados de boa vontade que nos ajudam. Quanto ao que viu e ouviu na outra sala, foi a doutrinação de entidades ignorantes que o acompanhavam. Aqui, doutor Marcos, fazemos amigos e inimigos, e estes muitas vezes nos seguem; amigos ajudando-nos e inimigos prejudicando-nos. As duas entidades que ouviu perseguiam-no, sabendo o que ocorria com você, e procuravam agravar seus problemas. Orientadas, foram para o lugar que lhes é devido e, sem essas companhias indesejáveis, pôde você sentir-se melhor e dormir bem.

— Senhor Netinho, o que aconteceu quando impuseram as mãos sobre mim? Senti-me tão bem!

— Você foi beneficiado por um Passe de Irradiação. Procuramos fortalecê-lo e anular a energia negativa em forma de doença do seu organismo. Você, meu jovem, poderá entender melhor se estudar a literatura espírita.

Conversaram mais um pouco, tendo Marcos anotado algumas obras espíritas que poderiam esclarecê-lo, indicadas gentilmente por aquele senhor, e prometeu a si mesmo adquiri-las e estudá-las. Despediram-se em seguida.

Marcos compreendeu que os acontecimentos na casa espírita tinham lógica e não se chocavam com seus conhecimentos.

Esperou ansioso pela noite de segunda-feira.

O início e o término dos trabalhos eram parecidos nos três dias em que a eles assistira.

Naquela segunda-feira, novamente o médium curador se fez ouvir. Marcos prestou bastante atenção:

— Estamos sempre pedindo graças ao Pai. E esses pedidos serão bons somente para nós? Devemos analisar o que pedimos e somente implorar a Deus o que é bom a nós e aos outros. Vocês, irmãos, aqui doentes, pedem a cura de seus males. E devem pedir com fé, porque é pela fé que obtemos o que almejamos. Não têm fé? Deixem, então, crescer essa sementinha lá no fundo de sua alma e cuidem bem dela. Para fortificá-la é necessário estudar e compreender os ensinos de Jesus, com a luz da razão e do entendimento. Não se crê somente por crer. É necessário entender e sentir. A fé raciocinada ajuda-nos a viver, a compreender e a pedir as graças de que necessitamos, para nossa felicidade e evolução. E, para racionalizar a fé, devemos buscar conhecimentos nos livros espíritas, nas obras de Allan Kardec. Jesus curou muitos, quando esteve encarnado, acrescentando que virão outros que farão o que Ele fez e muito mais. Onde estiverem dois, três ou mais reunidos em seu nome, aí estará presente. Ao curar o corpo físico, cuide-se para não adoecer o espírito com as más tendências e vícios. Mente sã e consciência tranquila no bem significam corpo sadio. Muitos de vocês serão curados. Essas curas realizam-se pela vontade de Deus. Nada acontece a não ser por vontade Dele. — Fez pequena pausa e prosseguiu:

— E quem muito recebe, muito deve ser agradecido. Sejam irmãos agradecidos e analisem o muito que receberem. Se não formos gratos, com que coragem iremos pedir novas graças? Não estamos sempre necessitados da Bondade do Pai? A Ele, ao Pai, é que tudo devemos: nossa gratidão e amor!

Marcos ficou meditando sobre o que ouvira até ser chamado e encaminhado a uma das salas. Estava tão emocionado, que tremia ligeiramente. Deitou-se em uma mesa e procurou relaxar, como uma senhora lhe recomendara.

Estava no local o médium, senhor Waldemar, mediunizado, e outros médiuns para ajudar. Marcos fechou os olhos e acompanhou mentalmente a oração do Pai-Nosso que uma senhora recitou em voz alta.

Sentiu algo frio na sua cabeça, que fora molhada com éter em algodão. Percebeu algo lá no fundo de seu cérebro, e teve

Muitos são os chamados

a sensação de que estava com o crânio aberto; depois sentiu uma dor aguda e passageira, bem no local em que fizera a cirurgia material. Com duração de três minutos, aproximadamente, havia acabado a operação espiritual.

Uma senhora o ajudou.

De novo em seu lugar, teve a sensação de que fora anestesiado, e se sentia bem e tranquilo. Quando todos foram atendidos, encerraram-se os trabalhos, com a recomendação de que repousassem até o outro dia e, à noite, voltassem para receber passes.

Marcos dormiu a noite toda e esteve sonolento durante todo o dia. Não sentiu dores, somente uma fraqueza de convalescente após uma cirurgia.

Na noite de terça-feira, o salão estava repleto. Marcos notou que muitas pessoas da cidade e da redondeza vinham para receber o passe.

O senhor Waldemar novamente pôs-se a ensinar. Ali recebiam remédios para o corpo e para a alma. Reinando grande silêncio, falou o médium:

— Irmãos, largo é o caminho da vida mundana, das facilidades e das ilusões terrenas. Estreito é o caminho do bem, e, quando por ele caminhamos, devemos abandonar a prática de coisas que agradam ao corpo, mas adoecem a alma. Estreito é o caminho da Vida Eterna. Muitos se recusam a ouvir o chamamento do Pai, não reconhecendo Jesus como o Pastor, e não querem fazer o mínimo sacrifício e seguir pelo estreito caminho que nos leva à salvação. Aqui vieram para entendimento de uma vida objetivando a Espiritualidade. Peçam também ao Pai coragem para se tornarem melhores, porque esse corpo para o qual buscam a cura é perecível, mas o espírito sobrevive. Muitos se esquecem desse fato tão importante e dão mais valor ao corpo, que veio da Natureza e a ela voltará. Aqueles que ouvem e não seguem os ensinamentos de Jesus são os imprudentes que construíram sua casa sobre a areia e, por basearem sua existência nas ilusões do corpo, grande pode ser sua ruína, sua decepção e sofrimento. Por que dar mais valor ao material, que é perecível? Vamos mudar para o bem, curando o espírito das chagas, dos vícios e das maldades, para termos o espírito são e o corpo com saúde. Porque, meus irmãos, se não sarar o espírito, cura-se o corpo hoje, mas amanhã poderá adoecer novamente. Cura-se o espírito com as receitas da boa moral e do bem viver, contidas nas lindas lições dos Evangelhos.

Finalizando, pediu que se formasse fila para receber os passes.

Marcos gostou muito de tomar passe. Ali de pé, em frente da pintura lindíssima do Nazareno, sentiu um calor, uma energia boa e pura entrando em sua cabeça, fazendo-o sentir-se melhor e com mais ânimo.

No final recebeu um receituário homeopático e dois vidros de remédio elaborado com plantas, sem produtos químicos, com a recomendação de que voltasse após trinta dias.

Os operados pareciam com outra disposição, e os comentários eram de otimismo. Senhor Dílson gostou e dona Carmem estava entusiasmada, comentando tudo com alegria.

Regressaram na manhã seguinte a São Paulo. E Marcos, além da esperança, tinha a fé que lhe dava a certeza de sua cura.

A cura

Muitos são os chamados

Marcos começou a melhorar. O apetite lhe voltava aos poucos e tinha menos dores, além de serem mais espaçadas. Com o tratamento da medicina terrena, recebeu transfusões de sangue e aplicações de soro, que estavam prescritas e lhe fizeram muito bem, acabando em parte com sua fraqueza e fazendo-o sentir-se melhor.

Recebeu o endereço de Romeu e lhe escreveu uma carta sincera, pedindo desculpas e contando sobre sua doença.

Nesse período, Mara o visitou por duas vezes, com seus familiares, mas evitava ficar sozinha com ele. Estava a noiva muito bonita, embora tristonha e indiferente. O desinteresse dela doía em Marcos, mas ele a compreendia: não fora ela feita para velar doente, mas para enfeitar a vida...

Marcou-se a segunda operação espiritual. Na segunda-feira pela manhã, dirigiram-se para o interior. Ansioso, Marcos esperou pelo início dos trabalhos.

Tudo decorreu como da primeira vez. Enquanto esperava, Marcos sentiu as aplicações anestésicas e, quando estava sendo operado, sentiu que extraíam algo de dentro de seu cérebro, bem no local onde ainda lhe doía. Não houve cortes físicos nas cirurgias.

Na outra noite, após os passes, recebeu outros remédios, e marcaram seu retorno para trinta dias.

O jovem médico estava eufórico, pois sentia a saúde dentro de si. Alimentava-se bem, tinha vontade de conversar e o bom humor lhe voltara. Com novas transfusões de sangue e soro, tornou a ser um jovem saudável, corado e risonho. Doutor Marcondes espantou-se ao vê-lo e concluiu que não necessitava mais de transfusões. Seu ex-professor pediu-lhe que fizesse novos exames. Marcos, porém, não quis, pois preferia esperar pela alta do centro espírita. Raramente tinha dores, e eram tão fracas que não necessitava de remédios para contê-las.

Comprou e passou a ler obras espíritas. Lia-as com atenção e estudava suas lições. Encantou-se com a clareza dos livros de Allan Kardec, principalmente com os esclarecimentos de *O Evangelho segundo o Espiritismo*.

"Vou ter sempre este livro comigo, vai ser o meu livro de cabeceira", pensava Marcos, entusiasmado. "Quero seguir o Espiritismo."

Em sua casa, todos estavam contentes com sua melhora, mas não faziam comentários. Seu pai estava cada vez mais calado. A mãe, um tanto descrente, procurava desconversar quando o filho falava sobre Espiritismo, principalmente perto de outras pessoas. Solange era a única que escutava com atenção os comentários entusiasmados da avó e do irmão.

Mara, ao vê-lo melhor, se encheu de esperança e passou a visitá-lo mais, conversando como antigamente e tornaram a tecer sonhos. Marcos sentiu-se feliz, porque não só recuperava a saúde, como também a noiva.

Recebeu carta de Romeu. Nela seu ex-colega escreveu educadamente que o desculpava. Dizia que desculpas não anulavam os fatos, mas tudo estava esquecido. Que já sabia da doença dele e sentia muito, fazendo-lhe votos de melhoras. Contou também que estava gostando muito do curso, e estava noivo de uma médica americana e planejavam casar logo.

Marcos ficou intrigado: "Já sabia". Como o amigo de longe poderia ter sabido de sua doença? Mas a carta foi posta de lado. Tão animado estava com sua recuperação que nada merecia preocupá-lo.

Doutor Marcondes foi visitá-lo em seu apartamento.

Muitos são os chamados

— Pelos meus cálculos, meu ex-aluno, você deveria estar em fase terminal ou mesmo falecido. É espantosa sua recuperação!

Marcos sentia-se curado, contentíssimo, quando foi para sua terceira operação, dessa vez em companhia somente do pai. Dona Carmem não pôde ir.

Seu coração batia forte ao ser encaminhado para a sala e acomodado na mesa.

— Você é médico, meu filho? — perguntou a entidade incorporada no médium, com sotaque diferente, porém não menos agradável.

— Sou — Marcos respondeu, emocionado.

— Também sou, exerci a medicina quando encarnado, e exerço-a com mais amor agora, desencarnado. O que acha de sua melhora?

— Estou assustado, mas muito feliz. Pelos cálculos da medicina terrestre já deveria estar desencarnado, porque ela nada pôde fazer a meu favor. Entretanto estou melhor a cada dia e sinto-me bem e sadio. Somente uma medicina com mais conhecimentos, como a espiritual, pôde melhorar-me.

— Filho, nessas operações que fazemos desmaterializamos a doença e extraímo-la do corpo. Você não tem mais nada. Está curado! O câncer foi extirpado de seu organismo.

— Que Jesus seja louvado!

Foi o que Marcos conseguiu dizer, controlando-se para não chorar de emoção e felicidade. Ao ser ajudado a descer da mesa, não conseguiu se conter e as lágrimas rolaram, molhando-lhe o rosto. Então, a entidade o elucidou:

— Lágrimas lavam a alma e, quando são de gratidão, fortalecem a fé. Vá em paz e lembre-se: tudo foi feito pela vontade de Deus, nosso Pai.

De volta ao seu lugar, Marcos pensou: "Aqui reúnem-se encarnados e desencarnados de boa vontade, para ajudar irmãos necessitados, curando corpos doentes e chamando-os a sarar o espírito".

Voltou eufórico da viagem, falando o tempo todo, pois sentia-se muito bem. Seu pai sorria, contente, ao vê-lo recuperado.

Dois dias depois de regressar a São Paulo, Marcos foi fazer os exames que o doutor Marcondes pedira. Sentiu medo, uma ponta de desconfiança o amargurava.

"E se a cura for aparente?", matutava. "Se for uma simples melhora?"

Sabia, porém, que, no seu caso, não era possível uma melhora e esforçava-se por animar-se.

Nessa agonia buscou os exames. Doutor Marcondes recebeu-o com grande alegria, abraçando-o.

— Você está curado! Veja seus exames: sangue, radiografia, eletros. Não acusaram anomalias. Seu câncer sumiu! Comprove você mesmo!

Marcos pegou os exames com as mãos trêmulas, olhou-os, teve vontade de pular; entretanto ficou parado, não conseguiu dizer nada e acabou chorando.

— Eu também, no seu lugar, choraria; fique à vontade. Sua alegria é minha também. Você nasceu de novo!

— Desculpe-me, eu...

— Marcos, observe estas radiografias. Há sinais da operação que fizemos e outros sinais. Estes aqui não fui eu quem fez, tenho certeza disso, não me arriscaria a extirpar o tumor nesta área tão perigosa. Entretanto, os sinais aí estão e o tumor foi extirpado totalmente. Sua cura não se deu por autossugestão. Não se pode extrair um tumor canceroso assim

Muitos são os chamados

somente pela vontade. Você foi realmente operado, e a cirurgia feita com conhecimento e precisão! E deixaram sinais desta maravilhosa façanha. O que você narrou deste centro espírita encabulou-me. Tenho sido um ateu convicto, e minha esposa, há anos, tenta me convencer da existência de Deus, da continuação da vida após a morte do corpo. Agora, Marcos, com os resultados de seus exames, sinto que o ateísmo me cansa e não responde a tantas indagações e dúvidas que surgem. Sua cura é um acontecimento que não sei explicar, mas vou procurar as explicações, vou pesquisar: começarei lendo os livros que me indicou, sinto que neles encontrarei as respostas. Espiritismo é também uma ciência, e amo conhecer com sabedoria. Percebo, meu ex-aluno, que estas respostas me levarão a Deus. Marcos, sua cura está dando fim ao meu ateísmo já moribundo.

— O Espiritismo é fantástico! Começo a ler sobre essa Doutrina que abrange não só ciência, mas também religião e até parapsicologia. Estou tentando entendê-la.

— É isso aí, menino! Dê valor ao que o curou, porque nem eu nem a medicina que tanto estudamos pudemos ajudá-lo. Deve realmente existir algo mais elevado e poderoso do que o homem, que nem curar-se de certas doenças consegue. É Deus, certamente.

— Bem, doutor Marcondes, não quero tomar mais seu tempo. Agradeço-lhe. Se tivesse de pagar seus préstimos não teria como, porque tudo o que tinha, o que havia guardado, foi gasto em remédios. Obrigado!

— De nada, foi pouco o que fiz. Espero, Marcos, que você morra de velhice.

— Obrigado, desejo o mesmo.

Abraçaram-se contentes.

Felicíssimo, chegou em casa contando alto a novidade. Todos se alegraram, e seus pais e a avó choraram de emoção. Telefonou e contou a Mara, que ficou muito feliz.

No outro dia, Marcos procurou os hospitais onde trabalhava e recuperou seus empregos. Com muita vontade, começou a clinicar dias depois.

Não deixou de ler os livros espíritas; entretanto, agora não tinha tempo, passou a estudá-los menos. Porém, todos os dias pela manhã, lia um texto do Evangelho e procurava meditar por minutos a página lida. Gostaria de comentar sobre os livros, mas não tinha com quem fazê-lo, pois somente a avó e Solange lhe davam atenção quando falava sobre eles. Mara, por sua vez, não gostava e procurava sempre mudar de assunto.

O ex-doente planejou frequentar um centro espírita, para estudar e conhecer a Doutrina, porém pequenas dificuldades fizeram-no desistir: um centro espírita era longe, o outro, o horário não coincidia com seu tempo livre etc.

Um dia, ao chegar de um passeio com Mara, ouviu a mãe dizer a uma vizinha:

— Marcos nunca teve câncer, houve comentários, os primeiros exames estavam errados. O que teve foi um tumor benigno, senão não sararia.

Marcos nada disse, entrou no apartamento e sua mãe veio logo após.

— Mãe, por que mentiu? — indagou. — Por que disse que os exames estavam errados? O doutor Marcondes não errou!

— Quem está isento de erros? Não poderia o doutor Marcondes ter errado? Com tantos exames... Depois, como iria dizer a esta faladeira que você sarou num centro espírita? Iriam falar e até seríamos ridicularizados. Eu, tão católica, levar meu filho a um lugar assim!...

— Mãe, a senhora não é tão católica!

— Bem, imaginam.

— Dona Adelaide tem razão — interferiu Mara. — É desagradável dizer que sua cura se deu num centro espírita. Para minha família e amigos disse também que erraram nos exames.

— Mara, você também?!...

— Meu bem, com que cara diria a eles que você sarou num lugar como esse, de pessoas ignorantes? Não sei como você acredita. Eu não acredito! O mais certo é que os exames falharam, foram trocados etc. Sabe que isso pode ter acontecido.

— Não é meu caso. Eu mesmo os examinei. E o Espiritismo não é para ignorantes, porque requer, para entendê-lo, muito estudo. Fui realmente curado lá no Santuário Espiritual Ramatis.

— Por favor!

Mara falou de mansinho, fazendo o biquinho que tanto lhe agradava, e continuou com voz sentida:

— Acalme-se, meu bem. Sua mãe e eu pensamos assim, pense você e acredite no que quiser. Mas reserve-nos o direito de julgar o que é certo. Vamos esquecer esse assunto e não tocar mais nele. Não faz diferença. O que importa é que você está bem e curado!

Marcos ia responder, porém Mara, dengosa, arrastou-o até o sofá e o beijou. Passaram a falar do futuro e Marcos se entusiasmou, planejando a realização de seus sonhos materiais.

Os pais de Mara ofereceram ajuda para que se casassem logo. Marcos hesitou, mas, como Mara insistiu, marcaram a data do matrimônio.

O casamento foi na cidade onde residiam os familiares de Mara, e eles se casaram numa cerimônia bonita.

Frequentar um centro espírita, estudar a Doutrina, ficou para depois, e o assunto acabou sendo esquecido.

O inesperado

Muitos são os chamados

Cinco anos se passaram. Marcos orgulhava-se da bela casa em que moravam.

Certo dia ao levantar-se, cedo ainda, abriu a janela e olhou rapidamente o bonito jardim que circundava sua moradia.

Preparou-se para ir trabalhar e foi pegar sua maleta no escritório, que era a parte da casa que mais lhe agradava: mobiliado com gosto, tendo alguns objetos de arte e muitos adornos.

Mara veio ao seu encontro para despedir-se, como fazia todas as manhãs.

— Meu bem — disse ela, sorrindo —, vou com Paula e o corretor hoje à tarde ver uns terrenos no Morumbi. Comprando um bom terreno, daqui a dois anos poderemos construir uma linda mansão, com piscina e quadra de tênis.

— Será que seus pais não ficarão aborrecidos por vendermos e mudarmos desta casa? Afinal, foi presente deles!

— Ora, Marcos, para nos instalarmos em outra melhor? Claro que não. Mamãe vai adorar. Você já vai, querido?

— Está na hora.

Duas lindas crianças entraram gritando e pularam no pescoço de Marcos: eram Isabela e Rodrigo, seus filhos de quatro anos e dois anos e meio.

— Tchau, papai.

— Tchau, papai, traga balas para mim.

Marcos, após beijá-los, se dirigiu à garagem onde a empregada lhe abriu o portão. Entrou no carro esporte último tipo e rumou para sua clínica. Ia sempre pela manhã ao hospital, onde era pediatra de clientes abastados e, à tarde, dava consultas no seu consultório, situado numa pequena clínica ao lado do hospital. Naquele dia ia passar primeiramente em seu consultório, para ver um sobrinho que estava adoentado.

Marcos gostava e se orgulhava do seu consultório e da elegante clínica, onde era sócio com mais três médicos de renome.

Naquele dia estava pensativo, dirigiu devagar, recordando o sonho que teve com sua avó. A ocorrência se repetia há alguns meses: sonhava com ela e os sonhos eram parecidos. Dona Carmem estava sempre muito bonita, abraçava-o, beijava-o e interrogava: "Que fez você, meu neto, dos livros que tanto queria ler? E suas crianças pobres?"

Ao parar num semáforo, passou a mão na cabeça e ali estava a pequena cicatriz da operação material, que não conseguira curá-lo. O Espiritismo fora esquecido e sua cura espiritual se tornara assunto proibido. Para seus novos amigos nunca esteve doente. Esqueceram-se seus familiares e ele de sua estranha cura.

"Que será que minha vó quer me dizer nesses estranhos sonhos?"

Sua avó morrera há dois anos e não falavam dela, nem dela se lembravam, nem ele mesmo sabia por que tinha esses sonhos.

"Ora, sonhos!"

Lembranças do que lera nos livros espíritas vieram-lhe à mente. E sonhar com os mortos da carne, mas vivos em espírito, pode ser encontro com eles. Porque, quando dormimos, o espírito fica mais livre, podendo ter encontros e conversar com os que partiram primeiro para o Plano Espiritual.

— Será que me encontrei com minha avó?

Marcos balbuciou como sempre fazia, quando estava preocupado. Mara ria sempre, dizendo que falava sozinho. Mas este era um dos seus costumes que não podia evitar.

"Livros?"

Aos poucos foi desinteressando-se dos livros que ficaram na parte oculta da estante, sendo que agora nem os via mais. Mara certamente dera fim neles, pois ela não gostava nem de vê-los.

Muitos são os chamados

"Os livros foram esquecidos, vovó."

Para que se casassem logo, os pais de Mara deram a eles aquela bela casa com jardim, e aos poucos foram decorando-a. Mara levara seu carro. Porém o que ganhava não dava para sustentar o luxo a que a moça estava acostumada e, assim, passou a trabalhar mais.

Amava o emprego no hospital do governo, atendendo com carinho as crianças pobres das enfermarias; continuava também com o emprego no hospital particular, onde estava até então. Nessa ocasião, surgiu uma vaga na clínica, onde trabalhava. Foi um primo de seu sogro que o indicou.

"Meu bem" — lembrava-se da voz suave da esposa, que a usava sempre quando queria algo —, "você não pode perder essa oportunidade! Necessitamos de tantas coisas, pois nossa casa está vazia e envergonho-me de receber visitas. Como se recusa a ganhar mais? Temos Isabela e teremos outros filhos. Pense em nós, em nosso bem-estar. Ganhar mais é sua obrigação! Tenho me privado, desde que me casei, de tantas coisas! Depois, meu bem, quando tiver seu trabalho reconhecido e ganhar muito melhor, poderá clinicar gratuitamente para um orfanato. Não é uma boa ideia? Você cuidará de crianças pobres e abandonadas!".

Conversaram muito e ele se deixou convencer. Não abandonaria suas crianças pobres, só as deixaria por uns tempos, visto que cuidaria delas no futuro. Arrumaria sua vida primeiro, dando conforto aos seus, e depois iria cuidar de alguns orfanatos.

Agora já ganhava bem, mas gastavam muito. A casa estava decorada, embora já se tornara pequena. Tinham dois carros, mas Mara queria um motorista. As crianças tinham tudo o que queriam. Viajavam todas as férias, porém Mara sonhava com viagens ao exterior.

Agora, sonhavam com uma casa nova e compras de imóveis para garantir o futuro.

Chegou à clínica, foi logo ver o sobrinho. Rosely esperava-o.

— Como está grande! — exclamou ao ver o garoto.

— Cresceu sim, há tempo que você não o vê — respondeu a cunhada.

Via pouco sua família. Rosely se casara com Tárcio e eles se davam muito bem. Seu irmão tinha um bom emprego. Eles moravam perto de seus pais, que estavam bem, sua mãe aposentara-se e ajudava o marido na padaria.

Atendia os sobrinhos, quando necessitavam, de graça; era somente isso que fazia para seus familiares, o que, para Mara, era o suficiente.

Marcos respondeu à cunhada, desculpando-se:

— Sabe como é, morar longe dificulta as visitas, depois, como você sabe, trabalho demais.

— Seus pais sentem falta de vocês, principalmente dona Adelaide, que quase não vê os netos.

— Vamos lá no domingo.

Visitavam pouco os pais e eles também raramente iam à sua casa, assim quase não via seus irmãos. Quando casou, insistia com os seus para visitá-los. Mas Mara os tratava com frieza e, por isso, discutiam. Como não gostava de brigar com a esposa, não mais os chamou. Quando alguém de sua família os chamava para ir visitá-los, respondia sempre: "No domingo, iremos". Mas no domingo Mara sempre organizava programas ou passeios com as amizades novas que julgava importantes.

"Marcos", dizia Mara, "devemos nos relacionar e ter amizades com seus sócios da clínica. É tão bom conviver com pessoas importantes!".

Muitos são os chamados

Examinou o sobrinho pensando na esposa, parecia que a via ali.

— O que você tem, Marcos? — indagou Rosely. — Parece preocupado!

— Não tenho nada. Estou bem. Dê a ele estes remédios que logo estará bem. É uma simples amigdalite.

Rosely se despediu, agradecendo.

Marcos tomou um café e pensou nos pais.

"Domingo, iremos lá. Preciso avisar Mara logo, antes que arrume um compromisso."

Lembrou-se do café de sua mãe. Ninguém fazia igual, nem tão gostoso. Recordou-se do irmão Tárcio, sempre o ofendera, pegava suas coisas, e ele, sempre paciente, desculpava-o. Gostava do irmão e havia tanto tempo não o via.

"Bem, vou ao hospital."

As recordações acompanhavam-no naquela manhã. Lembrou-se de sua infância no apartamento pequeno, mas tranquilo, de sua juventude sempre com pouco dinheiro, porém feliz, dos seus estudos, dos amigos e colegas.

"Como estará Romeu?"

Tivera notícias dele havia muito tempo. Viera dos Estados Unidos para o Rio de Janeiro e clinicava, adquirindo fama na sua especialidade.

Ao entrar no hospital, lembrou-se do outro, o do governo, e das suas enfermarias; comparou os clientes: ali, crianças abastadas; no outro, as pobres que ele abandonara.

— Pobres crianças! — exclamou.

— Que disse, doutor? — perguntou sua assistente.

— Nada, nada. Hoje estou saudoso, estranho e pensativo. Isso não é bom. Vamos ao trabalho.

Examinou seu primeiro paciente. Ao sair do quarto deveria, como de costume, entrar no outro, porém rumou para a cantina, deixando sua assistente a esperá-lo.

— Um café...

Marcos caiu. A moça da cantina tentou ampará-lo e, não conseguindo, gritou por socorro.

Marcos sentiu uma tremenda dor no peito e na cabeça e sentiu tudo sumir. Apenas percebia com dificuldade a movimentação exterior, os gritos da moça, enfermeiros e médicos se aproximando, depois, nada mais viu.

Sentiu que acordava, mas um acordar estranho, tentou raciocinar e entender onde estava, não conseguia se mexer. Percebeu que respirava com ajuda de aparelhos. Escutou:

— O doutor Marcos sofreu um derrame cerebral violento. Quase morreu!

Tentou novamente se mexer, mas não conseguiu. Tinha as pálpebras semiabertas e pôde observar onde se encontrava: reconheceu a U.T.I. do hospital, e estava em um de seus leitos.

Ao seu lado, permaneciam sua mãe e Mara, abatidas, preocupadas e chorosas.

— Se viver, dona Adelaide, ficará com sequelas — comentou Mara, baixinho. — Os médicos me disseram. Está vivo devido aos aparelhos e porque teve o derrame aqui no hospital.

— Confiemos, filha, ele é tão moço! Ele não sentia nada? Não se queixava?

— Não. Parecia tão bem! É uma desgraça! Planejávamos construir uma casa no Morumbi, estava tão entusiasmado!

Calaram-se. Marcos pôde escutar e sentir os aparelhos, teve vontade de gritar. Esforçou-se, entretanto não conseguiu mexer nem um músculo. Desesperou-se e teve vontade de chorar. Sentiu as lágrimas saírem de seus olhos e a mão de sua mãe acariciando-lhe o rosto.

— Parece que chora! — observou dona Adelaide.

— Está em estado de coma. Bobagem, nada vê nem ouve.

A mãe pegou um lenço, enxugou o rosto de Marcos e fechou suas pálpebras.

O desespero de Marcos aumentou, e ele nada mais viu, ficando na escuridão e, naquele silêncio, somente escutava os aparelhos. "As duas se calaram ou foram embora", pensou. Ficou sozinho com seus pensamentos. Lembrou-se dos filhos, amava-os tanto e eram tão pequenos! Isabela, a mais velha, parecida com Mara, era uma boneca, cheia de vivacidade e encanto; Rodrigo era esperto, muito inteligente, forte e robusto. Queria ter mais filhos, Mara não.

"Dois é bom", repetia ela. "Temos um casal."

Ali, imóvel, sem saber o que lhe ocorria, sentiu falta deles, porém quase não tinha tempo para os seus. Quem cuidava deles eram sempre as babás. Atualmente, Madalena, uma senhora, era quem tomava conta deles. Mara não tinha paciência e saía muito, ela tinha muitas amigas e estava sempre organizando chás e jogos.

Marcos, por sua vez, brincava pouco com eles, pois estava sempre trabalhando ou cansado, e os filhos cresciam rápido. Mas e agora? Que seria deles? Eram tão pequenos para ficar sem o pai...

Às vezes, sentia que dormia ou ficava numa estranha sonolência e via vultos estranhos, que lhe pediam para ter calma e confiança. Parecia escutar a voz carinhosa de sua avó a pedir-lhe que se arrependesse de seus erros e orasse.

Mas não orava e, quando saía dessa estranha modorra, tentava se mexer, mas nenhum músculo lhe obedecia. Esforçou-se tanto que conseguiu abrir um pouquinho as pálpebras e, com alívio, conseguiu ver alguma coisa, saindo do escuro.

Assim, pôde ver as rápidas visitas de amigos e parentes, e ouvir os comentários, em voz baixa, que eram sempre os mesmos:

— Coitado, tão moço!

— Como foi acontecer-lhe isso?

— Será que morrerá?

Desesperado, tentava reagir e encontrar uma solução!

"Sou jovem!", pensava aflito. "Sou jovem! Tenho trinta e dois anos! Não quero morrer! Pensem em algo para me salvar! Quero viver!"

Lembrou-se então da outra vez que rogou por sua vida a Deus. Pediu, prometeu que se vivesse ia ser bom, dedicar-se aos pobres e doentes. Recordou-se da palestra que escutara no centro espírita: se não forem gratos, como pedir nova graça?

"Que fiz, meu Deus, da vida que me deste? Mas não quero morrer agora. Tenho filhos! Necessito criá-los! Não é justo morrer agora!"

Novamente a modorra e os vultos e vozes a pedir-lhe calma. Não queria ter calma, não queria entender nem apelar a Deus, porque Ele não estava sendo justo. Era ele um médico, um ser útil.

A lembrança de sua avó veio-lhe forte à mente. Dona Carmem sempre tão boa!

"Ah, se ela estivesse aqui! Certamente me levaria a um centro espírita e me salvaria. Por que ninguém se lembra disso? Se sarei lá uma vez, vou me curar de novo. Por que não pensam nisso? Esqueceram-se todos? Ah! Também esqueci! Participei desse esquecimento. Nem quando Rui, meu grande amigo, estava com câncer, falei a ele. Guardamos segredo, como se

Muitos são os chamados

nos envergonhássemos de minha cura num centro espírita. Havia muito tempo, ninguém falava mais sobre isso. A culpa é minha! Vovó! Vovó, é a senhora que está aqui? Meu Deus, que fiz à senhora, vovó?" Pensava, pensava... Parecia rever os fatos, lugares e pessoas. Às vezes, desesperado, tentava se mexer, mas não conseguia.

"Minha avó! Que saudade! Foi a senhora quem descobriu aquele lugar que me curou. Foi a senhora quem arrumou tudo para me levar. E o dinheiro? Gastara em viagens e hospedagens. Nunca soube, nem perguntei como arranjara dinheiro! Se a senhora estivesse aqui me levaria de novo, mas já morreu!"

Dona Carmem ficara doente, acamada um ano e cinco meses. Marcos foi poucas vezes vê-la e essas visitas foram muito rápidas. Não quis tratar dela, por não ser doença de sua especialidade.

"Ingrato! Ingrato que fui! Perdão, vovó! Perdão! Poderia ter levado a senhora ao Santuário Espiritual Ramatis, para ser curada. Não tive tempo! Tempo? Não quis! Ia me dar trabalho! Não a ajudei nem com dinheiro. Não sobrava do nosso supérfluo. Porém sei com certeza que, se estivesse aqui, lembrar-se-ia e me levaria até lá. Agora, ninguém lembra e quero tanto ir! Sinto que lá sararia novamente!"

Pesadelo

Muitos são os chamados

Esforçou-se para não chorar, porque não queria que lhe fechassem as pálpebras novamente. Não sabia nem calculava o tempo que estava daquele modo. Desesperava-se, acalmava-se, pensava e pensava... Tentou se mexer novamente, e nada. Começou a sentir frio, sentia-se gelar e parou de ouvir sua respiração. Apavorou-se ao ouvir:

— Morreu! Meu Deus, doutor Marcos morreu! — exclamou uma enfermeira, olhando-o aflita.

"Não! Não!", Marcos tentou desesperadamente gritar. "Está louca? Não morri!"

Sentiu que desligavam os aparelhos e, para seu espanto, continuou a respirar. Viu muitas pessoas a seu lado, inclusive o doutor Ernesto a examiná-lo.

— Acabou! É sempre triste não poder salvar um amigo e colega!

"Meu Deus!", Marcos pensou desesperado. "Que faço? Enlouqueceram todos! Estarei sonhando? Não morri! Tive algum ataque e pensam que estou morto!"

Mas sabia que não estava tendo ataque nenhum, e que o doutor Ernesto não se enganaria, porque o eletroencefalograma não se engana, e os aparelhos foram desligados.

"O que aconteceu, então? O que aconteceu?"

Saíram todos, ficou só. Marcos tentou calcular o tempo, mas não conseguiu. Aproximaram-se dele dois enfermeiros e levaram-no para outro local. Não conhecia a sala onde foi deitado numa mesa, mas compreendeu que era a parte do hospital onde preparavam os cadáveres. Foi despido. Colocaram-lhe roupas: um terno de que gostava muito e camisa de seda. Os enfermeiros conversavam animados, por estarem acostumados com o trabalho. Marcos, nervoso, sem poder fazer nada para chamar-lhes a atenção, para demonstrar-lhes que não estava morto, apenas os escutava: comentavam sobre o futebol do dia anterior, pentearam seus cabelos, fecharam-lhe a boca com esparadrapo, deixando os olhos, para seu alívio, como estavam, semiabertos.

— Pronto! Mais um pronto! Tem mais hoje?

— Três. Bonitão este, não?

— E a esposa! Uma gata! Elegante!

— Todos morrem, meu caro!

— Se morrem! Deixemo-lo aí, logo virão buscá-lo.

Colocaram-no em outro lugar. Marcos achou que era em outro leito, e sentia muito frio e sede. Fecharam a tampa, e então compreendeu que estava numa urna mortuária. Nada mais enxergando, na escuridão, desesperou-se, tentou gritar e se apavorou.

"Ai de mim! Estou num caixão! Irão me enterrar vivo!"

Sentiu ser transportado.

"Levam-me a outro lugar. Engraçado, estou respirando normalmente."[1]

Pareceu-lhe que muitas horas se passaram, e não poucos minutos. Sentiu que o colocaram num lugar e a tampa foi aberta. Percebeu um cheiro forte de flores e escutou uma choradeira. Confuso, notou pessoas colocarem mais flores em sua volta, e, mais aliviado, viu Mara.

"Ela saberá que não morri!"

Decepcionou-se; Mara, chorosa, beijou-lhe a face.

— Meu Marcos! Por que morreu?

---

1 N.A.E.A desencarnação procede de várias formas. Podemos dizer que é uma colheita. A reação da ação da vivência encarnada. Para muitos é um sono tranquilo e despertar maravilhoso, para outros um pesadelo de que lhes parece não mais acordar. Não sendo iguais, cada um tem a desencarnação que fez por merecer.

Muitos são os chamados

Viu seus pais e seus irmãos chorando à sua volta, e também amigos, conhecidos e colegas. Sua mãe chorava e gritava:

— Meu Deus, por quê? Não o meu filho! Tão jovem! Por que não me levou no seu lugar?

Foi amparada por parentes, viu seu pai, que se aproximou quieto e silencioso, como sempre fora.

Mara sentou-se ao lado do caixão e Marcos achou-a linda num vestido preto e branco. Chorava o tempo todo e era consolada pelas pessoas, amigos e parentes. Suspirava, reclamando:

— Era tão moço! Amávamo-nos tanto! Fomos tão felizes! O que vai ser de mim agora? Como viverei?

"E eu, sem vocês? Não pensam no que vai ser de mim?", Marcos indagava aflito. "Por que será que pensam sempre neles? E eu? O que faço aqui?"

Num puxão, foi-lhe tirado o esparadrapo da boca, mas não sentiu dor, só o frio o incomodava, era um frio terrível.

"Que frio! Se pudesse, bateria os dentes", pensou aflito.

Sem nada poder fazer, porque não conseguia fazer nada nem sabia como agir, ficou prestando atenção nos comentários. Para todos, ele era jovem, bom, bonito etc.

Quando alguém orava por ele, sentia-se melhor e via vultos que lhe pediam para ter calma e confiança.

"Não quero calma, nem confiança! Necessito sair daqui ou irão me enterrar; quero acordar deste pesadelo!"

Num "ai que dó", exclamado por um dos presentes, viu a babá com seus filhos. Isabela, séria, depositou um beijo na sua face, e Rodrigo ficou no colo de Madalena.

— Não quero! — gritou o caçula. — Papai está frio e quieto! Quero ir para casa!

Começou a chorar alto.

— É melhor levá-los — pediu dona Adelaide —, são tão pequenos! Não irão entender!

Muitas exclamações: "Tão pequenos sem o pai! Coitados! Tão lindos!"

— Leve-os, dona Madalena. Cuide deles para mim, por favor — Mara rogou sentida e começou a chorar alto.

Marcos escutou muitos choros.

"Que choradeira! Meus filhos foram embora! É a última vez que os vejo! Será que não acordo deste pesadelo? Nunca vi sonho durar tanto! O que está acontecendo comigo? Por que não consigo demonstrar que estou vivo?"

— Dona Adelaide, ele está com os olhos semiabertos, é tão feio!

Escutou o infeliz comentário e sentiu a mão de sua mãe acariciando seu rosto, dizendo-lhe:

— Marcos, feche os olhos! Feche-os, meu filho![2]

Os dedos de dona Adelaide forçaram-lhe as pálpebras e o escuro novamente se fez.

"O escuro não! O escuro não, meu Deus!"

— Que hora faleceu?

Reconheceu a voz do doutor Marcondes. Sem saber o porquê, manteve a atenção somente na voz do seu ex-professor, pois sentia que ele, depois da pergunta, não falava, mas pensava, orava e, com isso, foi se sentindo mais aliviado e até acompanhou sua oração:

"Deus, meu Pai, permita que seus bons espíritos ajudem a este irmão! Fazei com que ele possa ser desligado da matéria e possa reconhecer seu estado de desencarnado. Ajudem-no,

---

2 N.A.E. Na Espiritualidade não se segue regra geral. Nem todos os cadáveres com os olhos semiabertos passam pelo que aconteceu com o personagem da história.

Muitos são os chamados

bons espíritos, socorram-no nesta hora em que tanto necessita. Marcos, calma, paciência, aceite o auxílio que amigos querem lhe dar, seja humilde, procure ter paz e não se revolte."

Marcos acalmou-se, a oração sincera o ajudou muito, por isso pôde ver vultos novamente, e um deles pegou-o pela mão e deu-lhe um puxão, que o fez sentar-se. Abriu rápido os olhos, alegrou-se por poder abri-los. Enxergar foi um alívio, porque não tolerava mais ficar na escuridão. Viu então que estava numa sala cheia de pessoas, flores e reconheceu seus familiares.

Novamente outro puxão, e ficou de pé ao lado de uma grande vela.[3] Sentindo-se tonto, confuso e fraco, sentou-se numa cadeira vazia.

"Que sufoco! Ainda bem que vejo!", expressou devagar, ninguém o olhou e teve a impressão de que nem o escutaram.

Tonto, parecia que tudo girava. Sentia muito frio e um tremendo mal-estar.[4] Ficou quieto e, minutos após, um senhor chegou perto da cadeira em que estava sentado, com a intenção de sentar-se. Marcos se levantou e o homem sentou.

"Que mal-educado! Quase que senta em cima de mim! Será que não enxerga?"

Arrastando-se, sentia os membros duros e frios e saiu da sala. Aproximou-se de um vitrô e respirou o ar puro, que lhe fez bem e, assim, sentiu-se menos tonto.

"O cheiro das flores me fez mal!"

---

3 N.A.E. Com o pedido sincero que o doutor Marcondes fez pelo amigo em oração, uma equipe de socorristas desligou Marcos (espírito) do corpo morto; às vezes, muitos imprudentes ficam unidos ao corpo e sentem o sepultamento. Orar com fé pelo desencarnado é de muita ajuda. Se Marcos orasse, teria sido socorrido. A oração é uma das maiores forças de que dispomos a nosso favor e a de outros. Infelizmente, Marcos pôde ser somente desligado e não socorrido.
4 N.A.E. Sem saber que desencarnara, ficou sentindo as sensações do corpo físico.

Ali ficou encostado, escutando as conversas. Comentavam sobre tudo: futebol, doenças, mortes, cozinha, costura, festas, escândalos etc.

Começaram a orar alto e Marcos tentou acompanhar e orar também, pois se sentia atordoado, mas ficou olhando as pessoas, tentando entender o que fazia ele ali.

As pessoas foram saindo.

— Fecharam o caixão! Pobrezinho, vai ficar tão sozinho! — falou alguém ao seu lado.

A voz era sentida, Marcos se comoveu e as lágrimas caíram pelo seu rosto. Ficou vendo as pessoas passarem, algumas de cabeça baixa, mas todas em silêncio; se conversavam, era baixinho.

— Que descanse em paz!

— Coitado! Que a terra lhe seja leve!

— É tão triste!

— Que Deus o ajude a reconhecer seu estado de desencarnado! — Era a voz do doutor Marcondes e esta frase pareceu a Marcos que era dirigida a ele. Pensou nela por um instante, sem contudo entendê-la.

Saíram todos. Marcos, arrastando-se com dificuldade, foi atrás. Não podia se aproximar demais, havia muitas pessoas e uma senhora quase lhe passou por cima.

"Parece que não me veem! Que lugar é este? Será um cemitério?"

As pessoas foram saindo, indo embora. Marcos, vendo seus pais abraçados à Mara, quis se aproximar e abraçá-la também, mas não teve tempo, porque eles saíram com as outras pessoas, indo embora também.

Ficou sozinho. Aproximou-se do lugar em que estavam seus pais com Mara.

Muitos são os chamados

"Que é isto? Parece um túmulo!"

Mais confuso ainda, caminhou de volta à sala onde esteve, mas agora estava vazia; sentindo-se tremendamente só, sentou-se numa cadeira e chorou alto. Lágrimas abundantes molharam-lhe o rosto, todavia o choro lhe fez bem, aliviando-o e, assim, sentiu-se melhor.

Outras pessoas começaram a entrar na sala e eram indivíduos estranhos, a maioria chorando. Marcos escutou em tom zombeteiro:

"Mais um que morre! "

Levantou-se e saiu, pois sentia muito frio e um mal-estar que o incomodava muito. Andando com dificuldade, pois todo o corpo doía e as pernas pareciam-lhe pesadas, procurou um lugar para sentar-se e viu uma torneira aberta; aproximou-se, sedento. A água parecia cristalina e fresca e, com dificuldade, com as mãos pegou um pouco d'água, sem entretanto matar a sede, pois somente a amenizou. Sentindo-se muito cansado, sentou-se num degrau no chão.

"Esta roupa me incomoda. Não sei por que estou vestido assim, com o terno novo, camisa de seda e gravata italiana. O que estarei fazendo aqui? Por que será que não acordo deste pesadelo? Será que tudo isto é sonho?"

— *Não é sonho, você morreu mesmo!*

— *É bem grã-fino o rapaz!*

— *Oh! Idiota! Observe bem, você está morto! Mortinho!*

— *Calma, rapazes, o grã-fino parece "guardado", pois não podemos nos aproximar, senão iríamos pegá-lo e nos divertir muito.*

— *Você está morto! É defunto!*

Uma turma de mal-encarados, a alguns metros dele, zombava e ria. Marcos olhou-os bem, não os conhecia; estavam vestidos de forma estranha, maltrapilhos, sujos, e as mulheres muito enfeitadas. Com expressões zombeteiras, divertiam-se, vendo-o ali perturbado e temeroso. Marcos apavorou-se e rogou baixo:

— *O que faço? Devem ser bandidos e da pior espécie. Devo chamar a polícia!*

— *Que polícia*! — riu um deles, que estava com um rolo grande de pau nas mãos.[5] — *Nenhum guarda o vê. Você, beleza, morreu! O almofadinha covarde tem medo? Se não fosse essa luz a protegê-lo...*

— *Socorro! Socorro!*

Eles riram mais alto, achando graça e se divertindo com a aflição dele.

— *Lá vem ele!* — exclamou um deles e, nisso, correram todos, um em cada direção. Marcos olhou, não viu ninguém que pudesse ter posto os malfeitores em fuga.

"Já que não acordo deste estranho pesadelo, vou embora. Que loucura!"

---

5 N.A.E. Espíritos ociosos, maus, normalmente se agrupam, alguns fazendo maldades, outros divertindo-se. Mesmo sendo maus, aqueles que têm conhecimento podem plasmar qualquer objeto. É comum vê-los com armas e objetos de tortura.

À beira da loucura

Muitos são os chamados

Marcos estava com o corpo gelado e os membros pareciam endurecidos. Assim, caminhou arrastando-se para um grande portão, onde viu um estacionamento e um jardim.

"Que sorte, lá estão os táxis!"

Aproximou-se do primeiro táxi e viu um senhor limpar o carro com um pano, assobiando contente.

— *Por favor, pode me levar? Posso entrar? Está livre?*

Nada de o senhor responder-lhe. Parecia surdo, pois continuava a assobiar, sem lhe dar atenção. Marcos lembrou que não deveria ter dinheiro e, procurando pelos bolsos, nada encontrou, estavam vazios.

— *Faça a corrida, amigo; em casa, pago-lhe. Não confia? Pagarei sim, pois sou boa pessoa, sou médico. Faça o favor de prestar atenção, seu mal-educado. Não quer nada com a dureza, hein? Nada de freguês?"* Tentou abrir a porta do carro, não conseguiu. *"Trancada, vou até o outro.*

No outro táxi, um moço lia o jornal sentado no banco da frente. Novamente ele tentou abrir a porta.

— *Trancada também! Moço, faça a corrida que lhe pagarei quando chegar. Não quer? Por quê? Duvida que lhe pague? Não sou um qualquer, deveria reconhecer pelas minhas roupas. Vocês são um bando de vagabundos, pois rejeitam fregueses. Por que não larga o jornal? Nem me responde...*

Foi até o último.

— *Está trabalhando?, Marcos perguntou esperançoso para um senhor de meia-idade, que estava encostado no táxi. Também não fala, é surdo?*

— Pode subir, está livre.

"Até que enfim!" Marcos suspirou.

Mas... O chofer abriu a outra porta e uma senhora entrou no táxi.

"Cheguei tarde. E agora? Que faço? Será que consigo ir andando?"

Viu um orelhão.

"Não tenho fichas. Aqui parece que desconfiam de estranhos, mas também com tantos vagabundos..." Pensou no bando de malfeitores que o cercara. "Será que estou ainda sonhando? Estranho este sonho, não acaba e tudo dá errado."

Não estava muito longe de sua casa e, com calma, foi andando.

"Que situação! Sem dinheiro, bem-arrumado e tendo de andar a pé. Parece que todos ficaram loucos!"

O exercício que fazia, esforçando-se por andar, estava lhe fazendo bem. Sentindo-se um pouco melhor, ia atento ao trânsito, onde as pessoas passavam por ele, apressadas.

"Que frio! Engraçado, parece que as outras pessoas não estão sentindo frio."

— *Olá, bonitão! Aonde vai?*

Uma moça esquisita, muito enfeitada, olhando-o fixamente, dirigiu-se a ele. Marcos achou-a estranha, mas, como era a única que parecia vê-lo e lhe dirigia a palavra, parou e respondeu:

— *Para casa. Não tenho dinheiro para um táxi, esqueci...*

— *Também não tenho. Não precisamos disso. Não entende? Não sabe?*

— *Obrigado, mesmo assim. Se tivesse, poderia devolvê-lo com gratificação. Devo ir...*

— *Por que não pega um ônibus? É interessante. Vem!*

Uma voz que Marcos não sabia de onde vinha falou-lhe: "Não vá! Não vá! Continue andando!".

— *Não, obrigado, tenho que ir andando.*

— *Está com medo de mim, fofo?*

— *Não, é que tenho que ir mesmo.*

Muitos são os chamados

A moça ia puxá-lo, tentou segurar sua mão.

— *Ai! Por que não disse logo que é protegido? Seu banana!...*

— *Eu... ora, sua louca, deixe-me.*

Continuou andando e a moça sumiu.

"Acho que não darei confiança a mais ninguém. Que cansaço! Pensei que fosse mais perto."

Passando por uma pracinha, Marcos foi até lá e se sentou num banco ao lado de duas garotas. As mocinhas conversavam animadas, mas, assim que ele se sentou, se calaram.

— Vamos mudar de banco, Laís, aqui ficou frio de repente.

— Vamos!

Saíram rápido.

Marcos foi olhar as horas e procurou o relógio.

"Estou sem relógio! Perdi ou me roubaram? Acho que foi isso, assaltaram-me. E..."

Tentou recordar, mas sua cabeça girava, sentiu-se cansado e com sono.

"Vou indo, lá em casa descansarei. Deve ser tarde e logo será noite, aí esfria mais..."

Viu outro táxi e acenou para que parasse, mas não conseguiu. Tentou mais três vezes, mas nada, pois passavam como loucos e pareciam não vê-lo.

Com muito esforço, continuou andando. O alívio foi grande quando viu sua casa.

"Até que enfim! Que bonita! Como é bom estar em casa!"

O portão estava trancado, procurou pelas chaves, mas os bolsos estavam vazios. Tocou a campainha, bateu palmas, esperou. Veio a empregada.

— Ué! — exclamou ela olhando para os lados. — Parece que ouvi bater!

Falou alto e abriu o portão. Marcos entrou.

— Sou eu, sua tonta! Onde estão todos?

— Todos já foram dormir, vou também — a empregada, resmungou. — Estou impressionada com esses acontecimentos.

Fechou o portão e Marcos acompanhou-a pelos fundos, porque a parte da frente estava com as luzes apagadas e toda fechada.

"Estão dormindo, não quero acordá-los."

Marcos muitas vezes chegava tarde em casa, entrando silenciosamente para não acordá-los e, se era muito tarde, ia dormir no quarto de hóspedes, para não incomodar a esposa. Ao ver seu quarto trancado, foi para o de hóspedes acomodar-se no leito.

"Que cansaço! Que frio!"

Dormiu logo e sonhou com sua avó.[1]

— *Marcos, juízo", dizia ela, "agora estará sozinho, vou embora, tenho que ir. Preste atenção, meu neto, tenha cuidado. Lembre-se de Deus! Ore! Até logo!*

"Que estranho estar com minha avó! Que sonho esquisito! Que recomendações ridículas! Que frio! Que faço no quarto de hóspedes?"

Tentou lembrar, mas estava confuso.

"O assalto! Levaram-me tudo. Mas não me lembro do assalto! Fui mesmo assaltado? Cheguei tarde e todos dormiam. E estas roupas? Por que dormi com elas? Deveria estar no hospital. Que confusão! Será que acordei? Ou estou sonhando dentro de outro sonho? Será que enlouqueci? Estarei doente?"

Levantou-se, foi ao banheiro, porém não conseguiu abrir a torneira.

---

1 N.A.E. Quando nos iludimos, as sensações da ilusão nos acompanham. Marcos não quis aceitar a morte do corpo, e agia como encarnado, tendo todas as necessidades de um. Descansando no leito, viu dona Carmem e falou com ela, lembrando-se somente do mais importante.

"Estará estragada?"

A porta do quarto estava semiaberta e escutou barulho, vozes, então arrastou-se até o corredor e viu Mara, pálida, dando ordens às empregadas.

— Cuidem bem das crianças e façam o que elas querem, pois não sinto ânimo para nada. Estou tão cansada!

"Pobrezinha!", sussurrou Marcos indo ao seu encontro.

— A morte é tão triste! — Mara lamentou para as empregadas. — Por que os jovens morrem?

Sentou-se no sofá chorando alto.

"Quem faleceu? Seu pai?", Marcos indagou-lhe, sentando ao seu lado. *"Ele não era tão jovem e seu coração, fraco. Mara, por que está sofrendo assim?"*

— Marcos! Meu Marcos!

"Aqui estou, meu bem. Não chore assim!"

— Que frio! — Mara exclamou. — Madalena, feche a janela, está frio.

— Dona Mara, hoje está quente. Será que a senhora está com febre?

"Deixe-me ver." Marcos estendeu a mão colocando-a na testa da esposa.

Mara levantou-se num pulo, indo para o outro lado da sala.

— Mamãe! Mamãe!

Marcos sorriu quando seus filhos entraram na sala e foram abraçar Mara.

"E para o papai, nada?"

— Mamãe, o papai não volta mais? — indagou Isabela. — É verdade o que Madalena falou?

— Papai morreu, meu bem. Foi morar com Deus — Mara respondeu com expressão séria.

— Por que, mamãe, ele não gosta daqui? — quis saber o caçula.

— Rodrigo, você é pequeno para entender.

"É mentira! Estou aqui!", Marcos gritou. Entretanto ninguém pareceu escutá-lo.

— Que frio está fazendo aqui! Mamãe, podemos brincar lá fora? — indagou Isabela.

— Madalena, por favor, vá com eles.

As crianças saíram, e Marcos dirigiu-se à esposa:

"Mara, quero falar com você seriamente. O que significa o que disse às crianças? Você falou que morri? Fui morar com Deus. Está com raiva de mim?"

Levantou-se e aproximou-se dela. Nisso, Mara se queixou em voz alta:

— Há um mês apenas saiu de casa, como sempre fazia. Passou na clínica para ver o sobrinho e, a caminho do hospital, teve aquele maldito derrame. Há treze dias, enterramo-lo naquele lugar horrível e lá ficou sozinho. Por que cemitério é tão triste?

"Brincadeira tem hora! Ontem fui ao hospital e agora estou aqui. Espera lá!" Marcos se apavorou. *"Enterrou-me? Pare com essas brincadeiras! Você, Mara, está perturbada com a morte de seu pai. Você está doente?"*

Nesse instante, a porta se abriu e os pais de Mara entraram.

— Papai! Mamãe! Sofro tanto!

— Filhinha!

Marcos olhou-os, assustado. Então não era o pai de Mara quem morrera. Ali estava o sogro, forte como sempre. Teve a intenção de cumprimentá-los, mas eles, orgulhosos, fingiam não vê-lo; ficou quieto, escutando.

— Filha, devemos tomar algumas providências.

— Já, papai?

— Claro, tem dois filhos para criar.

— Receberei a pensão?

— Deve ser bem pouco e isso me preocupa. Preciso examinar os papéis de Marcos. Mara, seu jovem marido, como todos nós, não esperava ir tão cedo e, por contribuir pouco, a pensão será insignificante.

— Papai, o que vou fazer para viver?

— Calma, meu bem. Talvez tenha de diminuir as despesas, ou mesmo vender um carro.

— Como sou infeliz!

— Mara, lembre-se das crianças, você precisa de coragem — aconselhou sua mãe.

— É com elas que me preocupo, é pelas crianças que tento ser forte, senão iria com Marcos.

"Barbaridade! Parem com essa brincadeira!", Marcos gritou.

— Que sala fria! Abra a janela para entrar ar. Vou até o escritório ver os papéis do meu genro — disse o senhor Leandro, saindo da sala e se dirigindo para o escritório.

"Meu sogro não iria brincar assim! Ele é sempre sério!", Marcos pensou. "Parece que todos estão realmente tristes. O que está acontecendo?"

Sentiu-se triste, cansado e foi para a cozinha. Ao ver a empregada tomando café, sentou-se e tomou também. Sentiu-se, então, mais fortalecido.[2]

"Essa aí é outra que finge não me ver. Como estou cansado! Deve existir uma loucura coletiva aqui em casa. Será que acabei louco também?! Ou será que sou eu o louco? Bobagem,

---

2 N.A.E. Pensando estar encarnado, Marcos se alimentou dos fluidos dos alimentos que a empregada ingeria, sentindo-se fortalecido por ter sugado energia dos alimentos e da encarnada. São vários os livros espíritas que citam passagens semelhantes.

estou muito bem e minha mente está ótima. Estou somente cansado, porque trabalho demais; mas tenho frio, acho que vou ter uma gripe."

Entrou em seu quarto, deitou-se e dormiu.

Acordou e, ao ouvir conversas na sala, levantou e se dirigiu para lá.

"Boa tarde, César!"

Saudou-o contente, indo ao encontro do amigo e sócio da clínica. Este nem o percebeu, e continuou a falar:

— Dona Mara, as despesas do consultório continuam: o aluguel, o telefone etc. Se ceder a sala de Marcos ao doutor Fábio, terá menos despesas. Vendendo os móveis, lucrará, sem dúvida. Que fará de tudo aquilo?

— Está certo, doutor César, Mara deve vender e logo. Imagine o senhor que o meu genro somente contribuía com dois salários para a aposentadoria? Mara receberá muito pouco de pensão. Agradecemos ao senhor por ajudar-nos.

— Também estou pagando pouco para a aposentadoria, acho que aumentarei. Então, dona Mara, tudo certo? Ótimo, trarei o cheque amanhã.

— Doutor César, agradeço-lhe e amanhã cedo irei à clínica, para pegar somente os objetos pessoais de meu marido.

— Mara, vou deixar tudo arrumado para você, antes de irmos embora. Sua mãe tem razão, é melhor diminuir as despesas e cortar tudo o que é supérfluo.

— Papai, está sendo tão difícil! Amanhã despedirei as duas empregadas e ficarei somente com a cozinheira e Madalena.

— Tudo dará certo, filha, cuide você das crianças, assim se distrairá. Você não deve ficar triste como está.

— O dinheiro que recebi não dará para as despesas...

— Dará, se não gastar muito; senão, terá de mudar desta casa e alugá-la.

Muitos são os chamados

— Isso, não! Amo esta casa! Mudaria se fosse para outra melhor.

— Já faz um mês que Marcos se foi, Mara, seja realista.

"Um mês?! Eram treze dias! Tudo neste sonho ou passa rápido ou demora muito. Será que dormi tanto assim?"

Marcos sentou-se perto do senhor Leandro, mas este logo reclamou estar sentindo frio e que ali estava esquisito.

Marcos começou a ter dúvidas.

"Será que morri mesmo? A morte seria esse pesadelo? Ninguém me ouve nem me vê; falam de mim no passado, como alguém que se acabou. Será que, num ataque de loucura, imagino tudo isso?"

Ficou ali pela casa: comia com os familiares e dormia no seu leito, encostado em Mara, para sentir seu calor. Mas não conversava mais, só escutava.

Um dia, ouviu Madalena falar à Isabela:

— Menina, preste atenção, você não deve perguntar de seu pai à sua mãe, porque ela chora. Seu pai, querida, morreu. Todos morrem. E ele deve ter ido para o inferno. Ingrato, orgulhoso! Tratou do meu Benito, quando ele estava doente, e descontou seus préstimos no meu salário! Não deve estar em bom lugar.

"Eu? Não! Nem sabia disso! Deve ter sido Mara!", Marcos indignou-se.

— Meu pai não foi para o inferno! — Isabela reclamou.

— Claro que não, mas sua boneca está chorando, vá pegá-la.

Isabela pegou a boneca e saiu correndo.

"Isso não ficará assim. Que maneira de falar com uma criança!" Marcos saiu à procura da esposa.

"Mara! Mara! Está aí lendo e não vê o que essa babá fala à nossa filha?"

Mara largou o livro e ficou quieta.

"Está me ouvindo?"

— Acertou tudo, papai?

Nesse instante entrou seu sogro.

— Tudo. Começará a receber daqui a quarenta dias, no máximo; infelizmente é somente isso mesmo. Terá de diminuir as despesas, pois o dinheiro da venda do carro não é muito e vocês não tinham nada guardado.

— Com o que tínhamos, paguei as despesas funerárias.

— Vamos embora amanhã. Não dá mais para estar longe de casa. Mandarei a você uma quantia em dinheiro, todos os meses.

— Agradeço-lhes, pois sei que tudo o que era possível vocês fizeram por mim. Papai, vou ao médico, porque não estou me sentindo bem, sinto frio e muitos arrepios. Ainda há pouco, antes de o senhor chegar, parecia que alguém me chamava. Os últimos acontecimentos mexeram com meus nervos!

Marcos, ao escutar, sentiu uma tristeza enorme e, entrando no quarto de hóspedes, chorou muito. Lembrou-se de que somente a moça na rua e o bando de malfeitores o viram e falaram com ele.

"Por que aconteceu tudo isso? Será que devo sair? Ir a um hospital? Estarei doente? Devo trocar de roupas?"

Tentou abrir a porta do armário, porém não conseguiu, parecia trancada. Quis trocar de roupa, porque ainda estava com o terno e com a camisa de seda.

Voltou ao quarto de hóspedes e ficou a pensar nos acontecimentos. Depois, ao tentar sair, não conseguiu, porque a porta estava trancada.[3]

---

3 N.A.E. O espírito atravessa a matéria densa facilmente, porém primeiro precisa conscientizar-se desse fato e aprender a fazê-lo.

Muitos são os chamados

Por três dias ficou preso, sentindo-se fraco e triste, até que Madalena abriu o quarto para limpá-lo.

— Isabela, vem! — chamou a empregada. — Que quarto frio! Estranho!

Abriu a janela, e Isabela, com um pano na mão, entrou no quarto.

"Filhinha, como está linda! Você não deveria ter ido à escola?", Marcos indagou, mesmo sabendo que não iriam responder-lhe. Porém, a menina perguntou alto à babá:

— Má, por que não vou mais à escola?

— Isabela, as coisas não andam bem, sua mãe precisou tirá-la da escola por uns tempos. Como, também, para diminuir as despesas, dispensou as outras empregadas. Por isso, esse quarto ficará trancado e somente o limparei uma vez por semana.

Marcos, ao ouvir isso, saiu rápido, temendo ficar trancado novamente.

Andou o mais rápido que conseguia, pois sentia os membros endurecidos e, atravessando a casa vazia, passou pelo portão aberto e ganhou a rua. Viu que nada mudara: a rua e a casa pareciam como antes.

"Estou louco? Estarei com alguma doença mental? Por que tudo está tão confuso? Ou serei eu o confuso?"

Vagando

Muitos são os chamados

"Aonde vou agora?" Marcos continuou a pensar. "Talvez deva ir a um hospital, assim saberei o que se passa comigo. Se não estou bem, devo tratar-me. Um sanatório? Não, isso é tão triste! É melhor ir aonde conheça e seja conhecido."

Foi andando distraído, sem tentar mais pegar um táxi, e prestava atenção somente ao atravessar as ruas. Andou por horas, até que chegou. Passou pela portaria, sem que ninguém o visse, e andou pelos corredores. Aí, viu o doutor Urias, antigo benfeitor daquele hospital.

"Credo! Doutor Urias faleceu há anos!", Marcos exclamou, assustado. "Como pode?! Acho que o estou confundindo com outro, mas vou cumprimentá-lo."

— *Boa noite!*

— *Boa noite!* — respondeu-lhe sorrindo e com voz agradável.

— *Responde? Você me vê? É o doutor Urias?*

— *Sou. Claro que o vejo. Como está, doutor Marcos?*

— *Nada bem, tenho visões e...*

— *Doutor Marcos, já está na hora de analisar-se e entender o que lhe ocorre.*

— *Hum... Por que fala comigo, se já morreu?*

— *Porque você também já fez sua passagem.*

— *Ousadia! Está a afirmar que morri também?!*

Doutor Urias estendeu-lhe as mãos, Marcos saiu correndo e só parou quando se viu fora do hospital.[1]

Sentou-se no chão, cansado pelo esforço da corrida, e pensou: "E se ele vier atrás de mim?"

Levantou-se e pôs-se a andar sem rumo.

---

1 N.A.E. Quando nos iludimos, é difícil abandonarmos as imagens que criamos. Não aceitando, não querendo a realidade, envolvemo-nos de tal forma nesse engano, que não ouvimos argumentos em contrário. Chegamos mesmo a temer, por vermos pessoas que sabemos que desencarnaram, e pensamos estar vendo fantasmas.

A noite era escura, sem estrelas, por isso Marcos procurou andar bem perto das paredes, para não ir de encontro às pessoas. Viu uma pracinha e foi até lá, um grupo de pessoas ria alto, e, entre elas , viu a moça com quem conversara no outro dia.

— *Hei! Oi!* — Marcos disse, abanando-lhe a mão.

—*Você? Ainda assim?* — a moça aproximou-se dele sorrindo. — *Bonitão! Venha cá, apresentarei a turma a você. Como se chama?*

— *Marcos.*

— *Eu sou Tereza. Hei! Turma, este é o Marcão, este aqui é...*

Falou o nome de todos. Pessoas estranhas e esquisitas. Marcos não gostou deles, mas sentia-se tão sozinho e estava com tanta vontade de conversar, que ficou com eles.

— *Estamos planejando uma farra, vamos sair, beber e nos divertir. Vem conosco?*

Tereza não deu tempo para que ele pensasse e, puxando-o pela mão, entrou com ele num carro em que estavam pessoas também estranhas. Amontoaram-se. O outro grupo que já estava no carro parecia ignorá-los, porém eles estavam também ávidos de prazer.[2]

Entraram numa boate de baixa categoria e começaram a fumar, beber e dançar. Marcos logo sentiu o efeito do álcool. Ficou embriagado e sentiu-se alegre. Viu que bastava encostar nas pessoas para sentir o sabor das bebidas. A turma dançava e gritava, incentivando outros a fazer o mesmo. Tiraram-lhe o paletó, e Marcos ficou olhando-os abobalhado, confuso, pois era empurrado de um lado para outro e, afinal, foi atirado em um canto, onde adormeceu.

Acordou mais tonto ainda, sem forças para nada. Tentou reconhecer onde estava e notou que estava escuro e só dava

---

2 N.A.E. Eram pessoas encarnadas, que se afinavam com o grupo desencarnado.

para ver o que se encontrava perto. Via-se deitado no chão úmido, lodoso, fétido, e estava sem camisa, com as calças rasgadas e muito sujo. Sentiu nojo, pois parecia que nada ali era limpo.

Sentou-se com dificuldade e tentou coordenar os pensamentos, que eram muito confusos. Não teve forças para levantar-se, pois se sentia fraco, doente e com muita dor na cabeça. Arrastou-se de gatinhas, sentindo náuseas devido ao odor do chão. Pôde ver que não estava só e que outras pessoas, em situação semelhante, aglomeravam-se pelo chão. Tentou indagar, para saber onde estava, mas a cada indagação sua recebia por respostas monossílabos e gemidos. Pareciam-lhe todos abobalhados, tristes e sofridos.

Marcos sentou-se num canto. Às vezes, arrastava-se tentando sair daquele lugar horrível, porém somente conseguia locomover-se por alguns metros. Gemidos ouvia a toda hora, sendo que ele mesmo passou a gemer de fraqueza, fome, sede, e também de frio, que muito o castigava. Não conseguiu calcular o tempo, nem mesmo se era dia ou noite, porém parecia que muitos anos se passaram, sem que se amenizasse seu sofrimento. De vez em quando, um bando de malfeitores, pessoas de expressão estranha e má, passava por ali, provocando pânico em todos. Quando iam embora, a fraqueza era maior e a tristeza também.

Após um tempo que para Marcos pareceu ser eterno, já quase não pensava, nem mais conseguia sentar-se, somente se arrastava pelo chão, chorando e gemendo. Vagamente, lembrava-se dos acontecimentos e aí sentia saudade de seus familiares, de sua casa, de tudo o que lhe pertencia. Revoltava-se, achando que era injusto seu sofrimento. Matava a sede em filetes d'água e comia ervas sujas do chão. Às vezes, chegava perto dos outros, pareciam farrapos humanos, não conversavam, nem entendiam, todos sofriam muito. Marcos já nem tentava mais saber onde estava; e, como queria sair dali, pensou em seguir o bando que os visitava, mas, quando este passava, não aguentava nem se arrastar. Começou, então, a temê-los, como a seus companheiros.

— *Marcos, é você?*

Olhou assustado para o vulto que o chamava. Uma moça em pé olhava-o, examinando-o. Ele a reconheceu.

— *Tereza!* — exclamou esperançoso. — *Ajude-me. Não consigo me levantar.*

— *Não sei se posso. Tentarei. É isso o que dá não acreditar na verdade. Você morreu bonitão, seu corpo morreu e você vive agora em espírito. Apoie-se[3] em mim, assim... Força! Vou ajudá-lo, vamos devagar. Que sorte a sua eu estar passando por aqui!*

Tereza segurou-o pela cintura, Marcos apoiou-se nela e, com dificuldade, os dois foram andando. Não se despediu dos companheiros e estes nada falaram: somente se ouviam gemidos.

— *E eles?* — perguntou Marcos com dificuldade, querendo saber sobre os companheiros de infortúnio.

— *Sairão um dia. Preocupe-se agora somente com você, meu caro.*

Marcos teve a impressão de que passavam por labirintos, mas a paisagem mudava pouco, pois tudo era semiescuro, fétido, frio, feio e triste. Ele se esforçou para caminhar, e Tereza seguia cautelosa pelas trilhas escorregadias. Andaram um bom tempo escutando gemidos e pragas.

---

3 N.A.E. Marcos estava nas furnas, no vale de sofrimento no umbral. Nem no sofrimento lembrou-se do Pai Misericordioso; revoltou-se, agravando seu estado.

Muitos são os chamados

— *Ânimo, Marcos, falta pouco* — Tereza animou-o.

Saíram daquele estranho lugar. Ele, aliviado, viu as ruas de São Paulo. O ar lhe fez bem, e respirou forte. Via agora tudo claro e, ao sentir o calor do sol, emocionou-se.

— *Obrigado, Tereza.*

Marcos não conseguia ficar em pé sozinho. Tereza colocou-o então no meio de outras pessoas.

— *Vamos, Marcos, puxe energias, observe como eu faço. Vamos!*

Marcos fez o que lhe recomendava e logo se sentiu melhor, pois as forças lhe voltavam.

— *É isso aí, garotão!* — Tereza incentivou-o.

Marcos pôde ver então o quanto ele estava feio, sujo e em farrapos. Observou Tereza, que estava enfeitada, como sempre.

— *Preste atenção, garotão, e aprenda. Observe estes aqui, são diferentes de mim e de você, porque são encarnados, estão vivos no corpo de carne. Você e eu somos desencarnados, vivos em espírito, uma vez que tivemos o corpo morto. Entendeu? Não se iluda mais, senão sofrerá de novo. Você não quer voltar às furnas, quer?*

— *Eu?! Não! Por que fui para lá?*

— *Você deve ter sido aprisionado por algum bando que lá o deixou para sugar suas energias* — deduziu Tereza.

— *Isto é justo?*

— *Justo é somente Deus. Lembrou-se Dele lá? Aqui se vive como pode.*

— *Você não teme ser pega e jogada lá nas furnas?* — Marcos estava com medo.

— *Não. Pertenço a um bando que se protege mutuamente. Não é aconselhável ficar sozinho.*

— *Tudo é tão estranho!*

— *Ora, há muitas vantagens, você se acostuma* — Tereza tentou animá-lo.

— *Como você morreu?*

— *Morrendo, ora, não gosto de falar nisso.*

Marcos estava entre dois senhores, que começaram a se inquietar, reclamando de frio e cansaço.

Saíram, e Marcos já conseguia andar sozinho, sentindo-se mais aliviado. A moça gentilmente o guiava pela mão, e assim andaram um pouco, para entrar num pequeno bar. Novamente Tereza colocou-o perto de um moço que tomava, distraído, um café. Marcos sentiu-se tomando também; o café fortaleceu-o, esquentando-o um pouco.

— *Olhe aquele ali!* — Marcos exclamou indo de encontro a um senhor que saboreava um copo de leite, porém, para seu espanto, foi lançado longe, como se levasse um forte empurrão.

— *Esse não!* — repreendeu Tereza. — *Não vê que é protegido? Terei de ensinar muitas coisas a você. Agora vamos. Vou arrumar-lhe umas roupas.*

Marcos, sentindo-se mais forte, andava com mais facilidade, embora estando todo dolorido. Mas, comparando com o que sentira nas furnas, estava muito bem. Tereza levou-o a uma pracinha.

— *Marcos, sente-se aí. Aqui é nosso ponto de encontro. Pertencerá à nossa turma. Espere-me aqui, vou arranjar roupas para você.*

Tereza voltou logo e trouxe-lhe umas roupas estranhas, mas ele achou-as melhores que as que estava usando; vestiu-as.

— *Ficou bárbaro! Você agora parece com a turma* — Tereza aprovou.

Muitos são os chamados

A turma de Tereza foi chegando, e a moça o apresentou, pedindo para que ele fizesse parte do grupo. Foi aceito. Assim, Marcos passou a viver com ela e sua turma, junto com homens e mulheres briguentos e estranhos. Marcos fazia tudo para se dar bem com todos, ficando quieto, sem provocar ninguém. Aprendeu rápido as leis de sobrevivência de um morto-corpo, como se chamavam. Aprendeu a alimentar-se e a embriagar-se para esquecer suas mágoas.

Raramente se lembrava de seus familiares. Não falou a ninguém quem era, nem quem fora, eles somente sabiam que se chamava Marcos. Entendeu que morrera, que seu corpo morreu e que deveria viver de outra forma. Seguia a turma por onde ela ia, mas ainda sentia frio, pois parecia que nada o aquecia. Sentia dores de cabeça e muita tristeza, porém não reclamava, porque sabia, por experiência, que existiam maiores sofrimentos.

Um dia, um dos membros da turma avisou: teriam, no outro dia, uma reunião. Todos se ajeitaram, não beberam e se arrumaram para ir à afamada reunião de interesse comum.

— *O Grande Mestre não gosta de indisciplina nas suas reuniões, nem de bêbados* — Tereza explicou a Marcos.

Marcos fez o que os outros fizeram, evitando falar, porque entendeu que ali era melhor falar menos e ouvir mais, como, aliás, deve ser em qualquer lugar. Na hora marcada partiram ordeiros, entrando no umbral, onde seguiram por estranhos caminhos. Marcos tremeu, arrepiou-se, assustado, pois não gostava de ir passear no umbral. De mãos dadas, Tereza e ele andaram um bom pedaço.

— *Feio aqui, hein?* — cochichou ao ouvido de Tereza.

— *Cale-se! Nada é feio, você é que não se acostumou. É um lugar como outro qualquer. Se existe, é útil.*

Marcos não ousou comentar mais nada. Chegaram e se defrontaram com uma construção grande, de cor acinzentada, com alguns enfeites de cores fortes, lembrando um estádio de futebol. Estava iluminada por estranhas lanternas, e ali o ar não era tão fétido nem tão úmido.

Havia muitas pessoas nas filas e ordenadamente, fato que Marcos estranhou, pois sua turma era arruaceira. Deveriam temer realmente o chefe do lugar. Entraram por um portão e foram fiscalizados por guardas de ambos os lados e por uma espécie de roleta eletrônica.

— *É para evitar intrusos* — Tereza explicou-lhe baixinho.

Por dentro, a construção parecia um teatro antigo, tendo à frente um palco. Sentaram-se e aguardaram em silêncio. De repente, tocaram trombetas em tom alto e surgiu, no meio do palco enfeitado, uma bizarra figura. Palmas, urros, gritos de salva dos presentes, que, por minutos, aplaudiram o Grande Mestre.

Aquele estranho homem a quem chamavam de Grande Mestre vestia-se todo de preto e com uma enorme capa que se arrastava pelo chão. Começou a discursar com voz forte, e foi aplaudido várias vezes.

— *Temos necessidade de tudo fazer para não perder fatia no mercado. Os servos do Cordeiro não descansam, e nós devemos fazer o mesmo. Muitos encarnados, em busca da verdade, estão rompendo com o passado culposo e servindo ao bem. São pessoas comuns que interferem em nosso trabalho e a quem precisamos combater com ação eficaz, incentivando-as à vaidade, acenando-lhes com qualidades que não possuem, fazendo-as orgulharem-se do que fazem. Se não der certo, incentivem-nas ao contrário, martelando seu cérebro, fazendo-as*

Muitos são os chamados

sentir que nada são, que nada fazem certo, que suas ações são nulas, e, desse modo, elas deixam de fazê-las. Não desistam! Se não der certo, motivem-nas com a ânsia de ganhar mais, façam com que trabalhem mais materialmente, esquecendo o trabalho espiritual, e insinuem que isso nada lhes rende. E, se falhar, tentem o sexo, tão em moda. Sugiram-lhes o prazer da renovação sexual e a modernidade do amor livre. Assim, companheiros, anularemos os trabalhos dos servos do Cordeiro, que tanto nos atrapalham.

O Grande Mestre fez uma pausa, e Marcos observou-o e viu que não era feio, somente desagradável. Era instruído, falava bem, pronunciando certo. A plateia se comportava, todos estavam atentos e ordeiros. Guardas se postavam de pé entre as bancadas, atentos para alguma eventualidade. Os convidados da reunião se sentavam em cadeiras rústicas, mas confortáveis.

Marcos observou também os assistentes: pessoas esquisitas, desencarnadas, sendo a maioria muito enfeitada e de expressão má, vestiam-se de várias formas, até à moda antiga. Teve uma certeza: todos respeitavam o Grande Mestre. E ele continuou:

— *Temos necessidade urgente de fazer com que encarnados sirvam a nós. Ofereçam vantagens, favores fáceis, sirvam-lhes e, depois, eles nos servirão. Necessitamos de escravos, por isso deixem que eles pensem ser senhores nossos, que nos enganam, e aí desencarnarão e nos servirão, como escravos. Não somos como os bobocas do outro lado, os que servem por amor* — ironizou. — *Aqui, todos os serviços são pagos. Vocês tudo devem fazer para evitar que a massa comum de encarnados procure os trabalhos do outro lado, e evitem que busquem ajuda dos servos do Cordeiro, não os deixando ir a templos e orar, e os impeçam de buscar ajuda do Espiritismo, nosso maior inimigo no momento. Devemos incentivar nos encarnados os vícios, a inveja, o egoísmo e as ideias de vingança. Vingar para o bem da justiça!*

Após muitas palmas, que o orgulhoso orador nem agradeceu, finalizou:

— Se entre nós existem médicos, farmacêuticos ou enfermeiros, com conhecimentos, que se apresentem para melhor servir à justiça que executamos. Agora, devem ficar somente as pessoas que atenderei em particular. Casos que clamam por justiça! Vingança!

— Vamos embora! — Tereza disse a Marcos. — *Agora é uma reunião só para quem está interessado em vingança!*

Marcos sentiu-se aliviado e continuou calado. Saíram em filas, silenciosos, conversaram ordenadamente do lado de fora e somente para elogiar o Grande Mestre. Guardas vigiavam a saída, e a estranha plateia foi se dispersando.

A alguns metros do local da reunião, começaram as arruaças dos grupos, surgindo até brigas. Tereza, de mãos dadas com Marcos, não parou; seguiram, separando-se dos outros. Marcos indagou, curioso:

— Quem é esse a quem chamam de Grande Mestre?

— O chefe do pedaço. O nome já diz, um mestre em maldades e magia.

— Parece instruído — comentou Marcos.

— Sim, é. Os umbrais não são só para os analfabetos, pois muitos de seus moradores são instruídos, principalmente os chefes, mas têm pouca moral.

— Tereza, por que impedir os encarnados de orar?

— Você é burro? Já pensou se todos orassem com fé, com sinceridade? Como iríamos nos alimentar? Sugaríamos energias

Muitos são os chamados

de quem? Não se lembra do empurrão que você recebeu quando se aproximou de um protegido?

— Sim, lembro-me. São eles protegidos somente pela oração?

— Uma boa parte. A oração fervorosa, sincera, envolve quem ora, formando uma barreira magnética que nos repele quando nos aproximamos. Também há os encarnados que são guardados pelos servos desencarnados do Cordeiro: desses devemos passar longe.

— Por que o Grande Mestre quer médicos?

— Ele sempre quer, para servi-lo. Médicos sabem como causar doenças, isso é útil para as vinganças que planejam — Tereza com paciência tentava explicar.

— Vingar-se do quê? De quem?

— De encarnados. Marcos, você parece idiota. Não lhe fizeram nada de que quisesse desforra?

— Não. Pensei que fosse Deus que castigasse.

— Ora, claro que não! – Tereza exclamou. — Deus deve ser bom demais para isso. São os justiceiros que castigam, ou colhe-se da própria plantação. Mas, como a colheita pode atrasar, é mais garantido se vingar. O fato, Marcos, é que se sofre sempre pelas más ações, os maus sofrem muito.

— Não parece que o Grande Mestre e seus seguidores sofram — deduziu Marcos.

— Será que não? Tenho cá minhas dúvidas. Se for verdade mesmo que um dia teremos de dar conta de nossos atos a Deus, como será o acerto deles? Nunca vi nenhum deles feliz; demonstram alegria, mas não felicidade.

— Tereza, você já se vingou de alguém ou gostaria de vingar-se?

— Mataram-me. Meu corpo morreu assassinado, pois meu amante, por ciúme, deu-me uma facada. Não precisei me vingar, *porque ele está preso. Na penitenciária, ele paga caro pelo que fez. Lá é tão horrível, tão cheio de ódio!... Detesto ir lá, embora alguns gostem, e lá vão para vingar-se. Você já foi lá? Não quer ir?*

— *Não, obrigado. Tereza, esses infelizes que encontramos pelo caminho, os que estão sofrendo nas furnas, não são socorridos?*

— *São. Os trabalhadores do outro lado, os servos de Jesus, os ajudam; eles estão sempre por aqui.*

— *O Grande Mestre não acha ruim?*

— *Claro que sim, mas não podemos com eles, são mais fortes que nós. Mas eles socorrem somente os que clamam ajuda com sinceridade, os que estão aptos a seguir com eles.*

— *Sofri aqui e não fui mau.*

— *Sofre também, meu caro, por não ter feito o bem.*

Calaram-se; Marcos pensou: "Sofremos todos nós por aqui. Eu tenho dores incessantes na cabeça e sinto frio; nada me aquece. Todos do grupo sentem alguma dor. Tereza tem um ferimento no peito, da facada que a fez desencarnar, e que está sempre doendo e sangrando; ela procura esconder o ferimento com roupas extravagantes, mas sei que a dor a incomoda muito. Podemos farrear, parecer alegres, mas somos todos infelizes ".

Chegaram à pracinha, deserta àquela hora da noite, e sentaram-se para esperar a turma. Marcos refletiu sobre tudo o que tinha ouvido e visto. Deu graças por não ter falado a ninguém que fora médico; não queria maltratar ninguém; seria horrível ter de prejudicar pessoas, para a vingança de outros.

De volta ao lar

Muitos são os chamados

Após longa pausa, Marcos voltou a indagar à Tereza:

— *Tereza, nós prejudicamos as pessoas quando sugamos suas energias?*

— *Já vi que você é um analfabeto no assunto, senão entenderia. Como você estava nas furnas? Lá, foram tiradas suas energias. Com os encarnados é parecido, mas eles se recompõem ao alimentarem-se. Marcos, você já ouviu falar de vampiros?*

— *Vampiros?! Claro, tive medo deles quando era criança!*

— *A lenda fala de um sugador de sangue* — explicou a moça. — *Sangue é vital aos encarnados, como as energias que sugamos. Talvez, com o tempo, a lenda tenha sido modificada, trocando-se a palavra energia, fluidos vitais, por sangue. Somos vampiros, sugamos energias, e assim roubamos, porque não pedimos.*

— *Então, fazemos mal a eles?! Pensei não estar prejudicando ninguém.*

Marcos ficou aborrecido e, ao saber que prejudicava as pessoas, magoou-se, ficando mais triste ainda. Tereza observou-o e indagou:

— *Está preocupado?*

— *Tereza, todos os que desencarnam vivem como nós?*

— *Claro que não. Há os que seguem os ensinamentos do Cordeiro, que vivem em outro lugar.*

— *Quem é o "Cordeiro", de que tanto falam?*

— *Você... É Cristo, Jesus* — respondeu Tereza em tom baixo.

— *Ele foi tão bom!*

— *É melhor não comentar isso por aqui.*

— *Esses outros vivem melhor?* — Marcos quis saber.

— *Não sei. Como vou saber?*

— *Tereza, tive uma avó muito boa, desencarnou primeiro que eu, e a vi. Você tem alguém da família vivendo do outro modo?*

— *Não, meus parentes estão como eu, alguns até pior. "Barra" de família, por isso os quero a distância.*

— *Tereza, e os encarnados que farreiam conosco, os que bebem, prejudicamo-los?*

— *É bem verdade que induzimos alguns, mas eles têm sua liberdade, pois fazem porque querem, não os obrigamos. Eles gostam do que fazem* — elucidou Tereza.

— *Beberiam sem nós? Parariam de se embriagar?*

— *Alguns, talvez. A maioria gosta de nossa companhia, porque se afina conosco.*

— *Tereza, agora que sei que os prejudicamos, não sinto vontade de vampirizar ninguém. Isso tudo é para mim tão triste... Não quero dar uma de vampiro. Você sabe como mudar?* — Marcos estava aborrecido.

— *Não sei, mas, se quer mudar, talvez encontre resposta em si mesmo. Você já se analisou? Sabe o que quer?*

— *Talvez tenha razão. Necessito pensar e analisar a situação. Tereza, você é uma boa moça!*

— *Também não precisa ofender-me! Deixo-o a sós, volto mais tarde.*

Alguns membros do grupo chegaram, e Tereza foi encontrar-se com eles, toda alegre. Marcos ficou sozinho e sentiu um enorme vazio. "O que tenho construído em minha vida?", indagou-se. "Nada, bem pouco. Se as obras acompanham as pessoas quando estas desencarnam, não fiz nada para ter boa companhia."

Lágrimas correram-lhe pela face. Sentiu vontade de orar e pôs-se a recitar as orações de que se lembrava. O Grande

Muitos são os chamados

Mestre queria impedir as pessoas de orar, talvez aí estivesse o caminho da mudança.

"Como estarão meus filhos?"

Sentiu saudade dos seus, da família. Quando a turma se afastou, Marcos saiu rápido da praça e tomou o rumo de seu lar.

Ao ver sua casa, lágrimas rolaram pela face:

"Oh, meu Deus! Que fiz da minha vida? Por que tenho de passar por tudo isso?"

Encostou-se no portão e ficou esperando que alguém o abrisse. A oportunidade veio logo: para entregar uma encomenda, um moço tocou a campainha, e Madalena veio abrir o portão. Marcos entrou rápido.

Sabendo que ninguém o veria ou ouviria, entrou em casa, observando-a emocionado, pois ali vivera tão feliz! Sua antiga moradia estava um tanto descuidada, necessitando de pintura e retoques. Ao escutar vozes na sala, dirigiu-se para lá e viu seus pais conversando com Mara.

A emoção de vê-los foi enorme, tanto que se ajoelhou a certa distância deles e pôs-se a observá-los com carinho. Não saberia dizer se ficara daquela forma minutos ou horas, até que seus pais levantaram para despedir-se. Foi então que Marcos prestou atenção no que falavam.

— Seja feliz, Mara! Penso que agora nos veremos menos ainda, não é? — Dona Adelaide estava triste.

— Por favor, dona Adelaide, não me leve a mal; convidá-los para ir à nossa casa poderia ser desagradável ao Leonel. Levarei as crianças para vê-los. Devem compreender-me. O que faço é para garantir o futuro delas, pois fiz o que pude para criá-las sozinha. Entretanto... Papai morreu e mamãe não pode continuar me ajudando.

— E nós não podemos ajudá-la muito; quando nos pediu, pouco pudemos fazer. E com a doença de Dílson...

— Compreendo-os, porque cada um tem seus problemas, mas o pouco que me deram ajudou-nos muito. Foi um prazer vê-los, é pena que as crianças tenham saído, foram a uma festa de aniversário. Até logo, senhor Dílson, tchau, dona Adelaide.

Saíram. Marcos, da porta, observou-os: como estavam velhos seus pais, e como parecia cansado seu pai!

Ao perdê-los de vista, Marcos entrou novamente na sala, sentou-se ao lado de Mara.

"Quem é esse Leonel? Quem?"

Marcos indagou com tanta insistência e firmeza que Mara pôs-se a falar sozinha.[1]

— Tenho pena de meus sogros, estão velhos, mas não posso deixar que se intrometam na minha vida. Foi melhor ser franca com eles e pedir que não nos visitem, pois zelo pela minha felicidade. Leonel se sentiria constrangido ao vê-los, uma vez que tem quase a idade do senhor Dílson. Nada deve atrapalhar meu casamento, já tão confuso; se não fosse esperta, os filhos dele desmanchariam tudo.

"Casar?!", Marcos indagou. "Você? Tem coragem? Como pode?"

Mara sentiu as indagações do ex-marido por intuição, que todos nós temos, uns mais, outros menos. Respondeu no mesmo tom, falando alto, como se estivesse sozinha.

— Ora! A culpa toda foi de Marcos! Não me deixou rica e, sim, quase sem o necessário! Sinto falta do supérfluo, para mim o supérfluo é necessário! Marcos era um acomodado e, se não fosse eu a incentivá-lo, ficaria com nada. Depois,

---

1 N.A.E. Muitas vezes, desencarnados interferem nos pensamentos dos encarnados, chegando mesmo a dialogar, trocar ideias, conselhos e até insultos.

Muitos são os chamados

quem mandou ele morrer cedo? Eu, que nunca trabalhei, tive de fazer até o serviço de casa, de ficar com uma empregada. Minha filha estudando em escola do Estado, e Rodrigo sem poder ir ao maternal. Culpa dele! Do Marcos! Não sei por que troquei o Romeu por ele. Juventude! Fui idiota! Romeu, sim, soube subir na vida, está rico no Rio de Janeiro. Procurei-o por duas vezes. Orgulhoso, recusou-me. Vingou-se. Pensei que me adorava, mas esqueceu-me, ou recusou-me por orgulho.

"Procurou-o?!", Marcos exclamou indignado.

Mara continuou falando como se fosse obrigada a recordar:

— Quando Marcos estava doente, antes de casarmos, escrevi para Romeu contando meu erro e pedindo perdão. Ele respondeu-me rudemente, recusando-me. Agora, viúva, fui procurá-lo no Rio de Janeiro, e ele jogou-me na cara que amava a esposa, que era feliz e não pensava em separação, nem em traí-la. Humilhação! A americana é horrorosa, certamente não a ama. Recusou-me por vingança. E a culpa é de quem? De Marcos! Somente dele! Se ele fosse uma pessoa de caráter, não teria roubado a noiva do amigo e nada disso teria acontecido.

"Mara!", Marcos irou-se. "Não a obriguei a nada, trocou-o por mim porque quis. Sorte de Romeu você não ter ficado com ele, pois ele não teria ido se especializar nos Estados Unidos e, tendo-a por esposa, gastadeira e gananciosa como é, não teria conseguido nem ficar rico. Você nunca me amou! É incapaz de amar alguém. Você é que é culpada! Se não fosse leviana, não teria namorado o amigo de seu noivo. A culpa é sua se sofre! Se não fosse seu incentivo, como diz, sua insistência em ter, em querer, eu teria feito o que havia prometido, teria feito o bem.

— Basta de falar sozinha! Marcos não iria escutar-me, mesmo. Falta pouco para tudo isso acabar. Adeus, falta de dinheiro! Mudarei para a mansão luxuosa de Leonel, e como sua legítima esposa. Ainda bem que seus filhos são casados e não nos importunarão, embora exigissem que o casamento fosse com separação de bens. Mas não importa, saberei, queridos enteados, tirar muito desse velho que me adora. Começarei reformando esta casa, que está em nome das minhas crianças. Depois...

Saiu rindo da sala. Marcos sentou-se triste e pôs-se a pensar:

"Como me enganei, como me deixei enganar. Foi por essa mulher frívola que troquei a doce Rosely. Com ela não teria errado tanto. Como o arrependimento dói, pois seria diferente se pudesse viver novamente."

Um alvoroço fez com que saísse de sua amargura. Eram as crianças que chegavam.

"Como estão grandes! Lindos! Como cresceram!"

As crianças riam, contando as novidades da festa.

"Quanto tempo estou assim? Quanto tempo vivo como 'alma penada'?"

Correu para a cozinha e olhou o calendário.

"Meu Deus! Dois anos e meio se passaram desde aquele dia em que saí de casa para o trabalho. Dois anos e meio!"

Resolveu ficar em sua casa. Queria descobrir o que se passara na sua ausência. No início da noite, Mara colocou os filhos no quarto para verem televisão, até que tivessem sono, e depois se arrumou toda.

— *Como é linda!* — Marcos disse, ao vê-la arrumada com muito bom gosto.

Mara ficou na sala esperando alguém, e logo um homem, desses cuja idade é difícil determinar, entrou, sorrindo, na

Muitos são os chamados

sala. Marcos, estupefato, viu Mara correr para ele e oferecer-lhe os lábios.

— Leonel, que saudade!

— Mara, você está linda! Ainda bem que falta pouco para o nosso casamento.

Marcos saiu da sala, uma vez que não queria ver mais a cena, sentia ciúme, tristeza, e seu orgulho o maltratava por ter sido esquecido. Foi para o quarto das crianças.

"São tão puras, tão lindas! Será que gostam do padrasto? Será que ele vai ser bom para elas? E você, filhinha, como está? Esqueceu do papai?"

Abraçou Isabela e chorou, lamentando-se. A menina se assustou. Sentindo os fluidos de angústia e de tristeza, começou a chorar alto e correu para a sala.

— Mamãe! Mamãe!

Mara pegou a filha no colo.

— Que foi, Isabela? O que aconteceu?

— Não sei, estou com medo. Lembrei-me do papai e chorei.

Rodrigo, assustado, veio atrás da irmã e ficou observando-a. Mara acalentou a filha, e Leonel a agradou, ela parou de chorar e pôs-se a sorrir. Ele deu balas aos dois e, ficando tudo bem, eles voltaram ao quarto.

— Estranho, Leonel — Mara encabulou-se —, as crianças não falam do pai. Por que essa lembrança agora?

— Não se preocupe, é passageiro. São tão lindas e tão pequenas! Certamente foi algo que ela viu na televisão.

— Deve ser isso!

Marcos saiu da sala e foi sentar-se na cozinha. Não se atreveu a ir mais ao quarto dos filhos, entendendo que fora ele a causa do choro de Isabela. Chorou muito e acabou por ficar ali a noite inteira.

116

No outro dia, teve mais cuidado e se aproximou dos filhos controlando a emoção, a tristeza. Não lhes queria causar mal algum.

Marcos entendeu que, para o modo de viver de Mara, amante do luxo e do conforto, o dinheiro que recebia não dava mesmo. Apesar de seu ciúme, percebeu que Leonel não era mau, mas carinhoso com as crianças, e amava realmente Mara. Os preparativos do casamento ocupavam o tempo todo de sua ex-esposa, e foi com espanto que a escutou dizendo à empregada:

— Madalena, você irá conosco. Tanto tempo juntas! Terá o melhor quarto de empregada e ganhará bem mais. Será a governanta da casa, para cuidar de tudo e das crianças. Já combinei todos os pormenores com o Leonel; Isabela e Rodrigo vão estudar no melhor colégio de São Paulo. Ele faz tudo o que quero, não é ótimo?

— Está feliz, dona Mara? A senhora ama o senhor Leonel? — a empregada quis saber.

— Ora... Amo meus filhos e não quero que nada lhes falte. Amor... sentimento para românticos! Sou prática, anseio voltar à boa vida, ao luxo de que sempre gostei.

— O que lhe falta aqui?

— O que falta? Muitas coisas! O que você entende disso? Não foi acostumada ao luxo, como eu.

"Pobre Leonel!", pensou Marcos ao sair da cozinha e ir em busca da filha.

Estava em sua ex-casa há duas semanas; logo seria celebrado o casamento de Mara, quando se mudariam, e ele não sabia para onde iria depois. Sentia-se bem ao lado da filha, tão meiga, tão pura. Não a encontrando no quintal, voltou e, ao passar novamente pela cozinha, escutou a empregada dizendo:

Muitos são os chamados

— Dona Mara, Isabela não está bem. Está chorona, tem dores, fala sozinha, não se alimenta direito e queixa-se muito. Nunca a vi assim!

— Também notei. Vou levá-la ao doutor Fábio. Está pálida, não dorme direito, queixa-se de dores de cabeça e de frio, porém não tem febre.

Marcos voltou ao quintal, sentou num canto e chorou sentido. Entendeu que era ele a causa dos problemas da filha; mesmo sem querer, ele estava vampirizando-lhe as energias, estava trocando as suas pelas dela. Ele se sentia bem ao seu lado, e ela, a pequena Isabela, recebia seus fluidos.[2]

"Acostumei-me a roubar energias de encarnados e faço isso até sem querer. Não quero prejudicar minha filha, não quero", soluçou. "Oh, Meu Deus! O que faço? Devo ir-me. Ajude-me! Sei que não mereço ajuda, mas imploro auxílio. Como errei, meu Deus, como errei!"

---

2 Desencarnados que vagam, que não receberam orientação, socorro, vampirizam, sugam energias alheias ou as trocam pelas suas. Fazem isso quando querem, ou simplesmente ao ficar perto de encarnados, principalmente se estes são sensíveis, ou médiuns sem a devida proteção.

O socorro

Muitos são os chamados

Tanto tempo ficou chorando, chamando auxílio, que foi se acalmando e veio-lhe à mente:

"Solange, procure Solange."

"Como estará minha irmã?", indagou-se. "Sempre tão boa e doce. Vou procurá-la!"

Saiu da ex-casa e foi andando rumo ao apartamento de seus pais. Chegou sem problemas. Foi grande a emoção ao entrar no lar de seus pais, recordou sua infância e juventude. Ficou olhando-os com carinho. Quase às dezoito horas, Solange chegou; formara-se em psicologia e voltava do trabalho.

"Como está bonita!", Marcos exclamou. "Simples, como sempre, e irradiando amor e bondade."

— Veio mais cedo, filha? — indagou dona Adelaide, sorrindo para a filha, que, carinhosamente, respondeu:

— Hoje é dia dos nossos trabalhos no centro espírita. A senhora quer ir comigo?

— Não, estou indisposta; desde a tarde sinto dor de cabeça e frio.[1]

— Seria bom se tivéssemos somente uma religião. Ainda bem que meu noivo é espírita, e assim seguiremos a Doutrina juntos e nela educaremos nossos filhos.

— Acho que tem razão — concordou dona Adelaide. — Mas não entendo você não querer casar na igreja.

— Não seria desrespeito, mamãe, tomar a bênção em uma religião na qual não cremos? Roberto e eu já decidimos.

— Filha, hoje estou lembrando tanto de Marcos, estou tão saudosa. Como estará ele?

Dona Adelaide suspirou, calaram-se. Solange sentiu a presença do irmão e falou com ele em pensamento. Marcos escutou-a.

---

1 N.A.E. Nem todas as indisposições de encarnados são causadas pelos fluidos de desencarnados.

"Marcos, meu irmãozinho, acorde para Deus, entregue-se a Ele. Sente-se aqui e me espere, logo vou sair e o convido a acompanhar-me."

Marcos sentou-se e esperou. Logo Solange reapareceu na sala, e ele se sentiu atraído para ela; e, quando ela saiu, acompanhou-a.

Via somente a irmã, com ela andou sem saber por onde, até que entraram num local que lhe agradou. Era um salão, com tudo muito simples, mobiliado com cadeiras e, em plano mais elevado, havia uma mesa com uma toalha branca e um vaso com lindas flores que exalavam suave perfume e lhe pareceram luminosas. Somente um quadro ornamentava a parede; era Jesus orando no Jardim das Oliveiras, que o fascinou.

"Até Jesus, quando por aqui andou, orava", Marcos pensou. "Ele parece tão tranquilo, com tanta paz e fé. Ah, Jesus! Ensina-me a orar. Tenho necessidade de paz. Muita paz!"

— *Boa noite!*

— *Boa noite!*

Marcos respondeu a um senhor desencarnado de agradável aspecto e sorridente, que lhe pediu o favor de ficar na fila que organizava.

— *Onde estou? Que lugar é este?* — Marcos se aventurou a perguntar.

— *Está, meu filho, numa casa de oração, num centro espírita.*

"Graças a Deus", pensou ele, "o Espiritismo novamente me salvará. Se o Grande Mestre o teme, é aqui que acharei ajuda."

Viu Solange sentar em volta da mesa e, com ela, mais onze encarnados. Outras pessoas sentaram nas cadeiras restantes: todos lhe pareceram pensativos e a orar. Muitos desencarnados iguais a ele, e outros em estado pior, uns inconscientes, outros gemendo, aguardavam na fila.

Muitos são os chamados

Um senhor encarnado leu um texto do Evangelho, com voz firme, fazendo com que todos os desencarnados se calassem, mesmo os que gemiam. Em seguida, explicou o texto lido. Uma senhora desencarnada, irradiando uma luz suave e de deslumbrante beleza, colocou a mão sobre a cabeça do orador encarnado. Marcos pensou:

"Deve ser uma das que vivem do 'outro modo', basta olhá-la para saber que é feliz. Deve ser uma das servas do Senhor."

Todos prestaram atenção na lição evangélica. Ensinaram naquela noite a necessidade de perdoar todas as ofensas e também de reconhecer nossas falhas e pedir perdão a quem ofendemos. E que orar com ódio e rancor no coração não é agradável a Deus, completando com: "Felizes os que conseguem perdoar com sinceridade, porque serão perdoados e terão paz".

Um senhor encarnado fez uma oração pedindo a Deus proteção para os trabalhos que iam se realizar, e todos juntos oraram o Pai-Nosso. Marcos se emocionou e chorou, não conseguindo orar, pois sentia remorso e vontade de mudar de vida, para melhor. Foi atraído para a irmã e se aproximou dela, ficando bem perto. Solange começou a chorar também.

Bondosamente, um senhor lhe perguntou o que estava acontecendo.

Marcos falou:

— Eu sofro... tenho frio... estou triste...

Surpresa a sua: Solange repetia palavra por palavra o que ele dizia. Marcos, perplexo, parou de falar, entretanto um desencarnado, o que havia organizado a fila, orientou-o:

— *Continue, filho, fale de suas necessidades.*

Marcos lembrou então que, quando encarnado, vira um trabalho de incorporação, de orientação, e isso quando estivera pela primeira vez no Santuário Espiritual Ramatis.

O desencarnado que lhe dirigiu a palavra continuou:

— *Calma, procure ficar tranquilo, receberá ajuda.*

— Quero mudar! — Marcos exclamou emocionado. E Solange, falando em voz alta, repetia o que ele dizia.

— Quero viver de outra maneira. Sofro muito, tenho dores de cabeça e sinto frio.

Marcos viu ao seu lado dois espíritos radiosos, que colocaram as mãos sobre ele, aplicando-lhe passes. Começou a sentir um agradável calor, e a dor foi desaparecendo. Suspirou aliviado.

— Obrigado, meu Deus!

— Graças ao Pai! — continuou o encarnado. — Sente-se melhor? O irmão sabe que desencarnou?

— Sei que meu corpo morreu. Sofro vagando, mas não quero prejudicar ninguém. Quando chego perto das pessoas, estas se sentem mal e sofro com isso.

— É pelos seus fluidos. Agora, tudo vai mudar.

— Para onde irei? Não quero vagar sem destino, não tenho para onde ir. Ajudem-me — pediu ele.

— Você irá para um lugar que lhe é próprio, onde aprenderá muito, e logo estará ajudando as pessoas e não mais as prejudicando. Quer ir?

— Sim, quero. Agradeço-lhes.

Nisso Marcos olhou à sua frente e viu dona Carmem, sua avó, sorrindo-lhe bondosamente e abrindo os braços para ele.

— Vovó, não mereço! Meu Deus! Perdoe-me! Vovó, vó...

Marcos se sentiu feliz como há muito não sentia. Emocionado recebeu os agrados de sua avó. Marcos então se observou, viu que não estava mais sujo, porém limpo, e que a roupa fora-lhe trocada. Um sono suave foi obrigando-o a baixar as pálpebras. Como criança, adormeceu nos braços de dona Carmem.

Naquela sessão de caridade, vários necessitados foram ajudados e encaminhados. Ao término, uma senhora fez a oração de agradecimentos e a Prece de Cáritas. Com a luz acesa, os médiuns comentaram o trabalho da noite, e Solange orou emocionada:

— Obrigada, Jesus, por ter atendido minhas preces, estou tão feliz! Marcos, meu irmão carnal, foi socorrido e encaminhado para o Plano Espiritual.

O grupo, contente, se desfez.

Marcos acordou refeito, sentindo-se muito bem; um agradável calor o envolvia. Remexeu-se no leito, recordou do frio que, por anos, o maltratara, e estremeceu.

"Não quero recordar tudo o que passei. Onde será que estou?"

Olhou para todos os lados, mas não reconhecia o local.

— *Devo estar na enfermaria de um hospital* — Marcos falou baixinho. — *Será que sonhei tudo aquilo? Não, acho que não. Devo ter morrido mesmo. Estou bem agora, nenhuma dor incomoda-me.*

— *Fala sozinho, amigo?* — indagou um senhor do leito ao lado. — *Sou Fernando, e você?*

— *Marcos. Acordei e não sei onde estou. Sabe onde estamos?*

— *Claro. No Hospital da Luz* — informou o senhor.

— *No espaço?*

— *Sim, sabe que desencarnamos?*

— *Então, tudo é verdade!* — deduziu o recém-socorrido. — *Sei, mas me iludi por momentos. Acho tudo tão estranho! Como a morte é engraçada!*

— *Não, amigo, a morte não é engraçada. Nós é que fomos imprudentes. A morte do corpo é natural e para todos.*

Nisso entrou um enfermeiro.

— *Bom dia!* — cumprimentou ele alegre.

— *Bom dia!* — responderam todos.

Foi aí que Marcos viu que havia uns quarenta leitos e todos estavam ocupados por homens parecendo convalescentes. O enfermeiro parou à sua frente e sorriu:

— *Que bom vê-lo bem! Avisarei Carmem que já despertou.*

— *Dormi muito?* — indagou Marcos.

— *Por uns quinze dias.*

Marcos se sentou no leito e respirou fundo; sentia-se muito bem. Estava com roupas claras e limpas, seu corpo asseado, com barba feita e cabelos cortados. Tudo lhe parecia muito agradável. Observou o enfermeiro, que tratava de todos com dedicação e atenção, cuidando dos internos daquela enfermaria.

— *Hora de visitas!* — anunciou o enfermeiro.

Marcos, ansioso, notou muitas pessoas entrarem e, ao ver sua avó entre elas sorrindo, chorou de emoção, e ela o abraçou fortemente.

— *Que encontro feliz! Como lhe agradeço. Sei que não merecia nada disto, nem o seu perdão!* — Marcos se envergonhou.

— *Não falemos disso. Como se sente?*

— *Sinto-me bem. Mas deixe-me falar, vovó. A senhora foi tão boa, preocupava-se com todos. Quando tive câncer, foi pelos seus cuidados que consegui curar-me. Fui ingrato! Quando esteve doente, nada fiz pela senhora. Nem fui cuidar, nem visitar, mesmo assim, quando desencarnou, a senhora tentou ajudar-me. Lembro-me dos meus sonhos, quando me fazia recordar das responsabilidades de que fugi. Não seria a senhora que eu escutava vagamente, orientando-me enquanto vagava?*

Muitos são os chamados

— Marcos, estive, sempre que possível, ao seu lado. Você não podia ver-me por vibrarmos diferentemente e por não querer isso. Quando revoltado, pouco pude fazer, porém minhas orações acompanharam-no, e como fiquei feliz por vê-lo arrependido e pedir misericórdia! Nada tenho que perdoar e, por ter compreendido sua situação, nunca guardei mágoas. Quanto à doença, era necessário que eu passasse por tudo aquilo. Não reclamei, mesmo porque o sofrimento do corpo curou meu espírito, tão necessitado daquela prova. Desencarnei e aqui estou tão feliz!

— Vovó, a senhora se perturbou ao desencarnar?

— Não, Marcos, minha desencarnação foi tranquila e suave, adormeci lá para acordar aqui, entre amigos.

— Eu perturbei-me tanto! — queixou-se Marcos.

— Meu neto, a morte do corpo não é igual para todos, uma vez que cada um tem a desencarnação que fez por merecer. Como também o estado de coma não é sentido igualmente. A cada um é dado o que necessita. Colhe-se o que, quando encarnado, plantou-se!

— Vovó, poderei ser útil aqui?

— O espírito é ocioso, se quiser. Em qualquer lugar em que estejamos, somos chamados à responsabilidade, a sermos úteis — elucidou dona Carmem.

— Poderei estar sempre com a senhora?

— Tenho meus afazeres, mas estarei com você até que, ambientado, possa servir.

O horário de visitas terminou. Marcos pensou por muito tempo na conversa que teve com sua avó. Depois, um senhor simpático e alegre, convalescente como ele, aproximou-se e, após se apresentar, indagou:

— *Marcos, você gosta daqui?*

— *Sim, tudo me parece encantador.*

— *Este posto de socorro é realmente lindo e cheio de paz. Mas estou doido para voltar ao meu lar* — confessou o companheiro de quarto.

— *Quê?!*

— *Aqui tudo é lindo, mas não é como meu lar. Sinto falta de meus familiares, pois amo-os muito! Ter vindo para cá foi como se tivesse feito uma viagem. Acho tudo lindo, gosto, mas quero voltar para casa.*

— *Celso, você desencarnou, não tem o corpo de carne e, se voltar, não será a mesma coisa!* — Marcos tentou convencê-lo.

— *Sei disso tudo, mas meus familiares me amam, estão me chamando, pois sofrem com o meu afastamento. Eles saberão receber-me.*

— *Celso, você teve alguém que desencarnou antes de você, a quem muito amou?*

— *Sim, meu pai* — respondeu o senhor.

— *Quando você estava encarnado, queria vê-lo?*

— *Não!*

— *Poderá acontecer o mesmo com você, pois seus familiares podem não querer nem vê-lo!* — disse Marcos.

— *Ora, não seja desmancha-prazeres!*

Saiu de perto de Marcos, indo para o outro lado.

"Ah! Muitas vezes necessitamos sofrer, como sofri, para dar valor ao socorro."

O enfermeiro escutou a conversa e, ao ver Marcos preocupado, animou-o:

— *Não deixe que as preocupações o aborreçam.*

— *Celso disse-me que quer voltar ao lar; ele conseguirá?*

— *Sim, se ele quiser, voltará. No posto de socorro ficam os que querem* — elucidou o enfermeiro.

— *Sairá sem permissão?*

— *Quando estamos aptos a visitar nossos entes queridos, sem que os prejudiquemos, temos permissão. Celso quer voltar, não para visitá-los, mas para ficar com eles. Se desejar, realmente, irá, embora tenha recebido orientação para não fazê-lo.*

— *Ele os perturbará?* — Marcos quis saber.

— *Certamente, e logo se desiludirá, ao ver que os seus não o veem, não o ouvem nem desejam sua presença no estado em que está. Por isso, perturbará e prejudicará seus familiares.*

Marcos se recuperou rápido e foi, com sua avó, para a colônia, deixando o posto de socorro, agradecido. Encantou-se com o lugar, pois tudo lhe era maravilhoso: os prédios, os jardins, a biblioteca. Iria morar com sua avó e com os amigos dela, que o receberam como a um filho.

Em poucos dias se ambientou naquela maravilhosa forma de viver.

— *Marcos* — esclareceu dona Carmem —, *a vida aqui, como viu, não é para ociosos, porque todos se ocupam de alguma obrigação.*

— *Pensava falar-lhe sobre isso. Quero também trabalhar. O que devo fazer?*

Dona Carmem apresentou-o a uma pessoa encarregada de introduzir os recém-chegados à vida ativa na colônia. Tratado com imensa bondade por Eduardo, um senhor tranquilo e risonho, já estava ele, no outro dia, trabalhando e estudando.

Seu tempo era repartido, ora como simples enfermeiro, nas dependências do hospital, ora estudando, numa das escolas da colônia, onde aprendia a moral evangélica, tendo por mestre o instrutor Luís. Nas horas de folga, conversava muito com sua avó, fez muitas amizades, assistia a palestras e lia muito.

O tempo passou...

Aprendendo

Muitos são os chamados

Marcos estudava com prazer, mas uma questão o incomodava; até que indagou ao mestre:

— *Luís, se tivesse feito o que prometi, estaria encarnado? Estando com câncer, pedi a cura a Deus e propus ser bom, fazer o bem; não o fiz e, anos depois, desencarnei por um derrame cerebral. Desencarnaria, se tivesse feito o bem?*

— *Caro Marcos, a razão de ser do corpo físico é proporcionar à alma posição favorável para que aspire ao melhor. Mas muitos de nós vemos nas necessidades físicas não o motivo de melhoria, mas sim um castigo. Uma doença é, às vezes, um meio para que procuremos crescer, aprender, voltar-nos a Deus.*

Se o corpo não está dando condições, motivos para que cresçamos, não há razão para que permaneçamos encarnados. Muitos transviados permanecem no corpo físico, apesar de não se aperceberem dessa verdade. Mas, para aqueles que estão mais propensos a acordar, há a preocupação de seus protetores espirituais de que aproveitem a encarnação e que ela lhes seja útil. Entretanto, cada caso, Marcos, é um caso. Sim, talvez você estivesse encarnado. Sua cura proporcionou-lhe o estímulo para que se aperfeiçoasse e lhe deu oportunidade de pagar dívidas, simplesmente trabalhando para o bem e realizando o progresso espiritual. Você tinha um carma negativo, que ia se quitar com a doença. Então lhe foi dada, pela cura, a oportunidade de quitar esse carma trabalhando, deixando de ser um peso à sociedade, e de passar a ser um polo positivo aos seus irmãos. Por não ter aproveitado a oportunidade, sua dívida teve de ser quitada com o sofrimento.

Para aqueles que têm o mundo físico como fonte de prazer, a desencarnação é um castigo terrível. Não anulando seus atos errados pela oportunidade do trabalho, resta-lhes a dor que pode ser a desencarnação. Para as pessoas santificadas, estar no mundo físico ou fora dele não faz diferença, pois construíram o Reino de Deus dentro de si, e a desencarnação lhes representa somente uma outra forma de viver. Para elas, a morte física é uma felicidade.

— *Uma libertação?* — Marcos encabulou-se.

— *Sim, entendendo que a libertação não é a perda do corpo físico, mas sim dos vícios. Se não nos libertarmos de nossos vícios, continuaremos escravos, tanto encarnados como desencarnados. Se seguirmos os ensinamentos de Jesus, se colocarmos o Reino de Deus em nós, seremos felizes, libertos, onde quer que estejamos.*

— *Então, eu poderia estar encarnado?* — Marcos insistiu, queria entender.

— *Para você que amava a vida de encarnado, foi um castigo abandoná-la. Se tivesse feito o bem, sendo útil, teria quitado seus erros, proporcionando seu crescimento, e permaneceria encarnado, como prêmio. Porque, perante a vida, tanto faz ser útil aqui desencarnado ou encarnado.*

— *Mas fazer o bem encarnado é mais difícil!* — exclamou Marcos.

— *Sim, é, mas também é mais compensador.*

Marcos pensou: "Aqui é mais fácil, porque como desencarnados sabemos com certeza da continuação da vida após a morte do corpo; e, como encarnados, acreditamos em tantas teorias... No corpo carnal, tem de se lutar pela sobrevivência, há o trabalho pelo ganho material, existe a família..."

— *E muitas ilusões falsas* — Luís concluiu, sorrindo. Marcos entendeu que seu mestre lera seus pensamentos, e Luís completou: — *Vou, como convidado, assistir hoje à noite a um trabalho num centro espírita. Não quer vir comigo? Verá, Marcos, que muitos encarnados contrabalançam todas as dificuldades que enumerou com o trabalho espiritual.*

Marcos esperou ansioso a hora de irem. Com Luís, volitou pelo espaço até a cidade. O centro espírita era simples e acolhedor. Isso chamou a atenção de Marcos, que indagou a Luís:

— *Todos os centros espíritas que conheço são simples, por quê?*

— *Os encarnados que planejam estes centros espíritas quase sempre conhecem locais de orações no espaço. A simplicidade é uma beleza, e lugares de oração não precisam ser luxuosos.*

Foram acomodados, e Marcos prestou atenção em tudo.

— *Marcos* — recomendou Luís —, *observe os trabalhadores deste local: há a equipe desencarnada e a equipe encarnada, formada de pessoas comuns, com seus problemas e dificuldades, e que têm família e trabalho.*

— *Por trabalhar aqui, as dificuldades da vida dos encarnados não lhes são facilitadas?*

— *Não, Marcos. Não podem os desencarnados fazer as lições para os encarnados. Nada é feito com sacrifício, pois eles têm horas e dias certos para o trabalho espiritual. O que pode ocorrer é que pessoas que fazem o bem o fazem para si. A compreensão, o aprendizado que dá a Doutrina Espírita aos seus seguidores faz com que entendam o significado da Vida, porque ficam sabendo que tudo na Terra é passageiro e, assim, para tudo há explicação. Se o período como encarnado é mais difícil, também é mais proveitoso.*

Um senhor encarnado, risonho, simpático, sentado à mesa, orava em silêncio. Luís esclareceu:

— *É José Carlos o orientador encarnado da casa.*

Uma senhora se aproximou dele e indagou:

— Zé Carlos, sofremos somente pelo carma negativo?

— Muitos de nós não o sabem, e outros tantos sabem, mas se esquecem de que a Essência Divina se faz presente em todas as criaturas. Adquirimos carma negativo quando agredimos essas criaturas, prejudicando o veículo dessa Essência Divina e impedindo a sua manifestação harmônica. Da mesma forma adquirimos débitos, também, por desleixo ou preguiça. Nada fazer por nossa melhoria é impedir que a Essência Divina encontre um veículo propício em nós. O servo mau e preguiçoso da Parábola dos Talentos não destruiu o dinheiro do Senhor, mas errou por não multiplicá-lo, tanto como aquele que o esbanjou. Os ociosos também falham, por não aproveitarem as oportunidades que o Pai Amoroso tanto lhes dá para crescerem. Quando trabalhamos, multiplicamos os talentos. O sofrimento, às vezes, consegue chamar-nos à responsabilidade.

— *Que resposta interessante!* — Marcos comentou. — *Sofremos também pelo que deixamos de fazer, pelo bem que poderíamos ter praticado e não o fizemos. Foi o que ocorreu comigo. Luís, este encarnado, José Carlos, foi curado de alguma doença grave ou foi alguém de sua família que o fez seguir o Espiritismo?*

— *Não, ele não foi curado, nem ninguém de sua família. Atendeu, simplesmente, ao chamado do amor. Possuía tudo o que a maioria dos encarnados almeja: esposa dedicada, filhos, bens materiais. Sentia-se insatisfeito, desiludido com as posses do mundo e entendeu que elas não o levariam a lugar nenhum, pois possuía, mas continuava angustiado. Sentiu a necessidade de procurar algo que lhe desse paz interior. Não sendo ocioso, procurou, estudou e ainda muito estuda, faz o bem por amor. Está multiplicando, pelo trabalho, os talentos que o Pai lhe confiou.*

Nesse instante, José Carlos começou a ensinar:

— O sol nasce todos os dias irradiando a Natureza, e os seres irracionais cantam a beleza, a glória a Deus. A Natureza é sinfonia, beleza, luz e vida. Parece que a maioria das pessoas não comunga com essa harmonia. São as mal-humoradas, insatisfeitas e revoltadas. Essa revolta, insatisfação de desejos não realizados, vai se acumulando, até que um dia a dor as reajusta às leis de Deus. Quanto maior a insatisfação, o egoísmo, a vaidade e a luxúria em que vivem esses indivíduos, maior será a sua dor. E o sofrimento chega, às vezes, por doenças. O homem, que poderia viver no Paraíso, constrói para si um vale de lágrimas. Os homens doentes, sofrendo dores iguais, dividem-se em dois grupos. O primeiro grupo revolta-se contra Deus e indaga: "Que mal fiz a Deus para sofrer assim? Por que meu corpo está em chagas?" O outro grupo, parando para pensar, mais amadurecido, volta-se ao seu passado e entende que teve muito e não deu valor, pois quis somente ser servido e não se propôs a servir.

Esses dois grupos, doentes, unidos em sofrimento, são como os dez leprosos da passagem evangélica. Tiveram eles notícia de que Jesus de Nazaré estava naquela região e que poderia curá-los. Correram, então, todos eles a pedir a cura e o socorro a Jesus. O Mestre, lendo os pensamentos de cada um, sem julgar ninguém, viu em todos a presença de Deus e que eles eram seus irmãos. Em nome da Bondade Infinita, mandou que fossem até a autoridade da época, e, no caminho, eles ficaram curados.

Continuava José Carlos sua exposição:

— O primeiro grupo, formado por aqueles que só pensavam em si, partiu em busca dos prazeres que lhe foram proibidos no tempo de doença. Queriam eles aproveitar o tempo perdido e se esqueceram daquele que, em nome do Ser Supremo, da Bondade Divina, lhes havia dado nova oportunidade. No seu egoísmo, achavam que Ele não fizera mais que sua obrigação, que eles tinham o merecimento de receber a cura, porque haviam sofrido muito sem dever nada, e que agora, curados, deveriam voltar a viver para os prazeres.

O orientador prosseguia:

— O segundo grupo era representado por um indivíduo que, como os outros leprosos, fora curado, indo também à autoridade, e que voltou. Espírito mais amadurecido, brotou em seu coração o amor. O primeiro impulso desse amor foi a gratidão. Voltou ao encontro daquele que o curou. Ao agradecer a Jesus de Nazaré, ele o fez Àquele que O enviou, a Deus, que lhe concedia nova oportunidade de poder servir, de ser útil. Demonstrando seu reconhecimento para com Aquele que tudo dá, ele já não era o mesmo homem de antes. Agora queria amar e ser grato a todos os que o ajudaram; os familiares, queria envolvê-los com carinho e afeição. Queria ajudar, porque em seu sofrimento viu que todos são iguais. Não se importava mais consigo, queria que a humanidade fosse feliz, desejava fazer feliz os que estavam à sua volta.

Todos ouviram em silêncio, e ele continuou:

— É a atitude perante o sofrimento que vai redimir o indivíduo. O episódio dos dez leprosos repete-se dia a dia. Quantos são curados pela Bondade Infinita e quantos grupos se repartem? Poucos são os que despertam pela cura do corpo e se curam também pelo espírito. Hoje, mais que nunca, temos a oportunidade de renascer para a verdadeira vida e morrer para o

Muitos são os chamados

egoísmo, desejos e gozos. É preciso não mais querer ser servido e aprender a servir. É necessário amar a Deus e dedicar-se ao próximo, tratando-o como irmão.

Não sejamos ingratos, amemos a Deus, que está pelos séculos, milênios, sustentando-nos. Voltemos para agradecer o muito que recebemos.

Oraram, e Marcos não mais conseguia fixar a atenção no que se falava, pois voltava no tempo, e entendeu, então, que ele pertencia ao primeiro grupo, fora curado em nome de Jesus e partira para desfrutar dos prazeres materiais. Foi grato de forma externa, foi curado em seu corpo, porém não se interessou em curar seu espírito.

As luzes se acenderam, acabara o trabalho. Marcos voltou sua atenção para o que ocorria. Viu uma moça desencarnada de muita beleza, loura, de olhos azuis brilhantes, a sorrir e a cumprimentar os trabalhadores desencarnados do centro espírita, que a cercavam de mimos e carinhos.

— *É filha do senhor José Carlos* — informou uma senhora que estava perto de Marcos.

O aprendiz se espantou, indagando rápido a Luís:

— *Luís, essa moça é filha do senhor José Carlos?*

— *Sim, é, chama-se Patrícia.*

— *Filha na outra existência, presumo.*

— *Não, é desta encarnação, mesmo* — Luís sorriu.

Nesse instante, Patrícia se aproximou de uma senhora encarnada, simpática e beijou-a. A encarnada era sua mãe, que a sentiu em espírito e sorriu. Os encarnados conversavam trocando comentários doutrinários, e Patrícia se acercou carinhosamente do pai e também o beijou. Marcos comentou:

— *Não entendo como um casal que tem uma filha tão maravilhosa, desencarnada na flor da idade, não se revolta.*

— *Marcos, se para alguns desencarnar é castigo, porque são privados dos prazeres materiais, para outros nada mais é que uma continuação feliz da existência. Que você vê aqui? Eles não estão separados, porque o amor e o carinho os unem. Não há razão para revolta aos que compreendem. Aqueles que creem já estão consolados. Por que tanto espanto? Não sabia você que o médium que foi instrumento de sua cura, o Waldemar, teve um filho que era doente e que desencarnou adolescente?*

Marcos não ousou comentar mais nada, muito tinha que meditar sobre o que viu e ouviu. Voltaram à colônia.

A visita

Muitos são os chamados

Marcos estudava e trabalhava com afinco e os dias para ele passavam rápida e agradavelmente, pois entusiasmava-se com suas novas aspirações.

— *Marcos!* — dona Carmem veio ao seu encontro. — *Venho trazer boa notícia. Você teve permissão para ver seus entes queridos. Eu o acompanharei, amanhã à tarde, numa visita de doze horas.*

— *Oh, vovó! Que bom!*

Marcos se alegrou, agora seria diferente, porque poderia abraçar seus entes queridos, sem prejudicá-los. Ansiava por vê-los.

Na hora marcada, volitou com sua avó e desceram a um bem cuidado jardim que rodeava uma bonita piscina. Sentada numa cadeira estava Mara, pensativa e triste. Marcos se emocionou ao ver sua ex-esposa linda e muito elegante.

— *Aqui, Marcos, é a nova residência de seus filhos* — explicou dona Carmem.

— *Bonita casa. Eles estão felizes?*

— *Sim* — a resposta da avó foi lacônica.

— *Por que estará Mara tão pensativa? Parece triste.*

— *Vamos ver o que a aflige.*

Dona Carmem colocou a mão na testa de Mara, Marcos imitou-a e pôde, assim, auscultar os pensamentos da bela moça.

"Não devo estar saudosa do passado. Como fui feliz no interior com meus pais, que tempo gostoso o da minha juventude, sempre mimada e sem problemas! Meu casamento: tudo tão lindo, meu vestido, Marcos... tenho saudade de você. O destino separou-nos tão cedo! Se ele estivesse aqui, seria tudo diferente. Estaríamos construindo nossa casa, tão bela como esta e não seria como prisão. Marcos não me sufocaria; com ele... a vida era bela, como passeava então, que bom tempo!"

"E Leonel?", Marcos indagou mentalmente.

"Leonel!... Talvez seja velho para mim. Aqui tenho tudo, mas nem posso mostrar isso aos meus amigos. Que adianta possuir tantas roupas, se não saio? Ele é bom, é como um pai para meus filhos, nada nos falta, mas sou infeliz."

— *Coitada...* — apiedou-se Marcos, e se afastou de Mara. — *Sente-se como um pássaro na gaiola dourada.*

— *Paga caro o preço de seu egoísmo* — elucidou dona Carmem — *porque não se casou por amor, e sim por interesse. Queria conforto e tem o que deseja, porém tudo isto não a fez feliz. Marcos, todas as pessoas que colocam a felicidade nas coisas perecíveis podem iludir-se, todavia não são felizes. Mara se esquece de ser grata e de amar. O segundo esposo é um homem bom, honesto, caseiro. Sente ciúme doentio da jovem esposa, fazendo-a sentir-se sufocada, contudo foi ela quem tudo fez para conquistá-lo, para que ele a amasse, a ponto de se indispor com os filhos para casar com ela. Mara não fez questão de amá-lo ou mesmo querê-lo bem, mas agora o convívio é difícil. Não trabalha, não estuda, não faz nada de útil e, para quem perde o tempo na ociosidade, este lhe parece pesado e lento. Mara é infeliz, meu neto, por desejar facilidades e por ser egoísta, pois somente pensa em si. Se prestasse atenção aos que estão à sua volta, veria como ocupar seu tempo vazio, fazendo o bem. Venha, vamos orar por ela.*

Carinhosamente, dona Carmem deu-lhe um passe, Mara suspirou relaxando, e Marcos se aproximou da ex-esposa, beijando-lhe a testa; ela, então, levantou-se, dizendo em voz alta:

— Vou ler o Evangelho que ganhei na igreja. Acho que é uma boa ideia.

Entrou em casa mais animada.

— *Leonel é presbiteriano, querido neto, e Mara o tem acompanhado aos domingos à igreja. Vai lá somente para sair de casa, porém é obrigada a ouvir os sermões, as leituras bíblicas, e isso é sempre bom. Vamos ver as crianças.*

Elas estavam brincando com vários coleguinhas no parquinho ao lado da piscina.

— *Como estão lindas!* — Marcos se emocionou e não conseguiu segurar as lágrimas. Esforçou-se para se acalmar e, quando se sentiu seguro, foi até elas, abraçou-as e beijou-as.

— *Estão bem, não é, vovó? Estão fortes, alegres e sadias. Quando encarnado não tinha tempo para contemplá-las, brincar com elas. Sinto por isso agora. Como gostaria de estar sempre com elas!*

Sentou-se perto dos filhos e ficou admirando-os, escutando seus risos e conversas. As outras crianças foram embora, enquanto Isabela e Rodrigo ficaram a brincar na areia. Auxiliado pela avó, Marcos as observou e viu que estavam bem, felizes, porém não guardavam nenhuma lembrança do pai.

— *Venham, crianças, hora do banho!*

Correram alegres para Madalena. Marcos não as seguiu e queixou-se à avó:

— *Não se recordam de mim! Não importa, não devo ser egoísta, porém quero-as bem e não quero vê-las sofrer. Como iriam se lembrar de mim? Quando desencarnei eram tão pequenas! Padeceria se os visse sofrer por mim.*

— *Orgulho-me de você, pois amadureceu. Querer que sofram por nós é muito egoísmo. Quando nossos entes queridos estão bem, isso é motivo de alegria para nós. Um dia saberão que tiveram um pai amoroso.*

Em seguida, foram ao apartamento dos pais de Marcos. Permanecia tudo como sempre. O senhor Dílson estava doente, e isso deixou o visitante consternado por um instante. Lembrando das recomendações que recebera, tratou de afastar a tristeza, uma vez que não queria transmitir nada de ruim a eles. Sabia que a tristeza transmite fluidos pesados e angustiantes.

Ao chegar perto de sua mãe, esta o sentiu em espírito, ficando com muita saudade, e se pôs a recordar passagens alegres da infância e da mocidade do filho. Marcos sentiu-se bem com seus pais, apesar de entender não ter sido bom filho, mas os amava muito.

Querendo ver todos, foram à casa de Tárcio. O lar do irmão era simples, mas confortável. Rosely preparava o jantar. Continuava meiga e alegre.

— *Meu irmão é feliz!* — Marcos exclamou.

Passaram rápido pela casa de Gabriela, e viu que os sobrinhos já estavam moços, todos bem. Foram visitar Solange, que se casara e estava muito feliz. Marcos gostou do cunhado e sentiu que a casa era agradável, além de muito bonita. Abraçou a irmã.

"Solange, agradeço-lhe. Devo a você e ao seu grupo estar bem. Obrigado, irmãzinha, continue sempre ajudando os que sofrem. Somente Deus e os socorridos podem avaliar o trabalho que fazem. Continue... A Doutrina Espírita mostra-nos o verdadeiro caminho a ser percorrido. Para aqueles que vivem e praticam o Espiritismo, a desencarnação é bem mais fácil. Obrigado."

Solange sorriu, sentiu a presença tranquila do irmão, respondeu também em pensamento:

Muitos são os chamados

"Marcos, é você? Agradeça somente a Deus e sirva também, ajudando outros, aqueles que sofrem em nome Dele."

Orou com sinceridade, e Marcos, emocionado, viu raios coloridos caindo sobre eles.

— *Como é linda a oração sincera! Se soubessem disso, os encarnados orariam mais* — comentou Marcos.

— *Todas as religiões ensinam e aconselham a orar com fé. Poucos fazem assim. Solange é privilegiada, pois ora como lhe ensinaram* — disse dona Carmem.

— *Vovó, Solange é médium, e isto é maravilhoso. Sentiu-me e até me respondeu. Ter mediunidade constitui uma graça!*

— *Nem todos os que têm mediunidade pensam assim, porque para muitos é um estorvo, um incômodo, uma perturbação e, se pudessem, se livrariam dela.*

— *Não sabem dar-lhe valor!* — admirou-se o visitante.

— *É verdade, em vez de fazerem dessa faculdade um instrumento de trabalho para multiplicar os talentos, enterram-na, deixando-a sem uso, e será com tristeza que terão de devolver o talento, sem multiplicá-lo.*

— *Vovó, tenho orado muito por Tereza, uma amiga e companheira de infortúnio. Gostaria de ir vê-la e ajudá-la, se possível. Será que me seria permitido?*

— *Pensei que gostaria de passar o resto do tempo que temos na companhia de seus filhos.*

— *Eles estão bem, graças a Deus. Mas Tereza está a vagar há tanto tempo. Ela ajudou-me à sua maneira e ainda deve ter um ferimento no peito, e eu gostaria de curá-la. Seria possível?*

Dona Carmem sorriu contente.

— *Que bom vê-lo a preocupar-se com os outros e a querer ajudar. Vamos até ela, e ajudarei você a socorrê-la. Sabe onde encontrá-la?*

Volitando, foram à praça onde o grupo costumava reunir-se e avistaram Tereza no meio do bando, que não os viu.

— *Não podem ver-nos, por vibrarmos diferentemente* — dona Carmem explicou ao neto.

— *Gostaria de falar com ela, mas como?*

— *É fácil, ficamos neste canto, e você a chama.*

Marcos chamou-a, Tereza se inquietou e se separou da turma, andando vagarosamente. Foi em direção a ele e se sentou num banco ali perto.

— *Vovó, que faço para que ela me veja?*

— *Pense como você era quando estava com eles, pense firme, ajudo você.*

Marcos fez o que sua avó recomendava, e Tereza pôde vê-lo.

— *Marcos! É você?*

Ela assustou-se e, com os olhos arregalados, observou-o dos pés à cabeça. Marcos ficou sorrindo para ela.

— *Está estranho, bicho! Que roupa é essa?*

— *Tereza, não se assuste, estou bem. Vim visitá-la, porque senti saudade. Passei para o outro lado, o do Cordeiro.*

— *Por que fez isso?* — Tereza admirou-se.

— *Por vazio, medo, sofrimento. Tereza, minha amiga, nos iludimos muito com essa vida, pois damos uma de "contentes", mas longe ficamos da felicidade.*

— *Por que se veste assim, todo de branco? Está parecendo alguém importante. É médico?*

— *Estou somente limpo. Sim, sou médico* — respondeu Marcos.

— *Escondeu isso de mim, hein? Como está você? Gosta deles? Vive rezando? Recebe muitas ordens? Está preso? Maltratam-no?*

Marcos sorriu, esperou que Tereza parasse de fazer perguntas para responder. Sabia que neles tinham colocado muitas ideias erradas sobre os trabalhadores do bem, e isso para que os temessem e evitassem lhes pedir ajuda.

— *Tereza, minha amiga, aqui vocês têm uma ideia falsa dos que vivem do lado do bem. Nada disso que pensa é real. Pedi auxílio, primeiro me curaram, e agora não sinto mais dores, nem aquele frio horrível. Estou em paz e moro com amigos num lugar de luz e beleza. Tenho orado, sim, mas porque me dá prazer, e oro como se conversasse com Deus, nosso Pai, que nos criou. Vive-se lá com disciplina, para se ter ordem. Cada um colabora para o bem geral. Recebem-se menos ordens do que aqui. Não necessito vampirizar e sou feliz.*

— *É feliz? Como se alimenta?* — Tereza se interessou em saber.

— *Onde estou agora, tudo é diferente. Alimento-me do ar, na comunhão com a Natureza, e sustento-me pela vontade.*

— *Hum!... Você fala difícil. Legal você lembrar de mim, estando numa boa.*

— *Somos amigos, tive saudade* — disse Marcos.

— *Agora já me viu. Estamos como sempre.*

— *Não quer que feche seu ferimento?*

— *Ora! Quem é você para isso? Sabe que tenho este ferimento aberto há tempo, desde que desencarnei.* — Tereza o olhou séria.

— *Eu o fecharei para você, e poderá ficar sem esse incômodo.*

— *Se conseguir, acredito em você.*

Dona Carmem ficou ao lado, mas Tereza não a viu, e ela sorriu ao neto lhe dando confiança. Marcos, orando com fé, pediu a Deus auxílio para a amiga. Concentrou toda sua força e conseguiu fechar o ferimento que Tereza tinha bem na altura do coração.

— *Marcos! Viva! Você conseguiu!* — exclamou maravilhada a moça, que se atirou nos seus braços, beijando-lhe a face.

Delicadamente, ele a afastou e sentou-se ao seu lado.

— *Deus nos ama muito, a Ele deve sua cura. Tereza, você não gostaria de mudar o modo de viver? Ter paz, ser feliz?*

A moça se calou, pensativa. Mas já estava quase na hora de Marcos voltar, deveria ir. Despediu-se dela:

— *Tereza, devo agora ir embora, porém deixo com você um endereço. Nesse local, reúnem-se pessoas de bem em orações espíritas e foram elas que me ajudaram. Pense, minha amiga, e vá lá, pois será bem recebida, orientada, e conhecerá o outro lado, a outra forma de viver dos desencarnados, a mais feliz. Irei embora, mas minhas orações seguirão você. Que Jesus nos abençoe!*

Mudou seu pensamento, sua vibração. Tereza não mais o viu e pôs-se a cismar. Marcos e a avó partiram.

Regressou ele contente, uma vez que as visitas poderiam repetir-se com frequência. Amava o trabalho e procurava fazer tudo com carinho.

Dois meses se passaram...

Foi com enorme surpresa quando foi levado pela avó à ala de recuperação, para visitar uma pessoa querida.

— *Tereza!* — exclamou Marcos emocionado por rever a amiga.

— *Marcos!... Que bom vê-lo!*

— *Minha amiga, que alegria vê-la aqui!*

— *Guardei* — contou a moça — *o endereço que me deu e pensei muito no que me disse. Você me curou, mas não me sentia feliz, pois não estava bem comigo mesma. Acabei ficando inquieta, sem vontade de acompanhar as farras da turma,*

Muitos são os chamados

nem querendo vampirizar ninguém. Fomos convocados para a reunião do Grande Mestre e tive medo de ir e eles descobrirem que mudara. Temi o castigo. Pensava muito em você e quis sentir-me bem, como você estava naquele dia em que me visitou. Senti vergonha de mim e indaguei: "Como pedir ajuda, eu que sempre fui tão má!". Aí, lembrei-me que Jesus havia perdoado Maria Madalena e que perdoaria a mim também, se pedisse a Ele. Arrependi-me realmente dos meus erros e chorei muito. Como não vampirizei mais ninguém, estava fraca e triste. Então, enchendo-me de coragem, fui até o endereço que me deu. Achei lá tudo tão lindo, entrei e fiquei envergonhada num canto. Tudo o que escutei me fez chorar de arrependimento e pedi misericórdia, auxílio. Atenderam-me carinhosamente e... aqui estou!

— Tereza, como me alegro!

— Agradeço a você também, sei que suas orações me ajudaram nessa luta. Estou com uma vontade enorme de aprender a ser útil. Marcos, poderei conversar outras vezes com você?

— Sim, virei sempre vê-la e, nas nossas folgas, poderei mostrar-lhe as belezas deste lugar bendito. Seremos bons companheiros!

— Quero ter muitos amigos, quero mudar, aprender.

Conversaram muito. Marcos deixou-a tranquila e esperançosa e, como prometera, sempre que possível ia visitá-la. Tereza se recuperou rápido e logo passou a fazer pequenas tarefas e a ser útil à sociedade que a abrigava.

A excursão

Muitos são os chamados

— *Marcos* — apresentou-lhe Luís —, *estes são Luzia e Henrique, companheiros que irão conosco fazer um estudo entre encarnados que se dedicam ao bem e que prestam valiosos serviços aos que sofrem.*

Marcos simpatizou com seus novos companheiros, que, tanto como ele, ansiavam por aprender. Luís iria como instrutor, fato que os deixou muito alegres.

Volitando, desceram à Terra; ficaram hospedados num posto de socorro perto da crosta, onde o serviço era intenso. Foram visitar vários grupos de orações e se encantaram ao ver tantos samaritanos espalhados pela cidade, num trabalho incansável de ajuda.

— *Marcos, vamos logo mais visitar o centro espírita onde sua irmã Solange trabalha* — informou Luís.

Marcos alegrou-se ao ver o local onde tantas bênçãos recebera, e foi grande sua surpresa ao ver o doutor Marcondes sentado à mesa.

— *Doutor Marcondes!* — Marcos exclamou. — *Mas ele era ateu!*

— *Marcos, sua cura não foi em vão* — Luís explicou. — *Doutor Marcondes, estudioso e com espírito ávido por aprender, se encabulou com sua inexplicável cura e procurou entendê-la nos estudos espíritas. Converteu-se e, hoje, tem afeição ao Espiritismo e é um dos seus mais sinceros seguidores. Você não se lembra? Foi ele quem o ajudou, desligando-o do seu corpo morto, impedindo que viesse a vê-lo enterrado.*

— *Devo muito a ele. Vendo-o aqui fico feliz, porque sei que terá no Espiritismo o entendimento e a compreensão a que faz jus.*

Ver o centro espírita como aprendiz era diferente para Marcos, uma vez que o trabalho era muito e não ficaram como

152

espectadores, pois ajudavam nas tarefas mais simples. Isso os deixava contentes. O número de necessitados era grande, e a equipe médica trabalhava sem cessar, com os mentores da casa dando atenção a todos.

— *Como há desencarnados doentes!* — Luzia exclamou.

— *A maioria não pensa na sua própria morte, não pensa como será após a separação do corpo, e outros vivem a encarnação como se nunca fossem morrer. A desencarnação traz muitas surpresas, e uma delas é continuar sentindo as dores e as doenças que o corpo tinha* — Luís elucidou-os.

Um grupo de arruaceiros tentou entrar no local e tirar alguns desencarnados que tinham pedido abrigo, mas os guardas os afastaram. Luís, vendo seus pupilos espantados, esclareceu:

— *Os trabalhadores do bem acolhem sempre os que lhes batem à porta, porém há necessidade de manter a ordem, por isso não foi permitida a entrada deles aqui, porque somente queriam badernar. Aqui é um posto de socorro para doentes, são auxiliados os que pedem. E os irmãos arruaceiros são, na verdade, mais necessitados, porque nem querem socorro. Há para eles outros grupos, que os acolhem e instruem.*

O trabalho começou com a leitura do Evangelho.

Os três excursionistas admiraram o processo de intercâmbio entre os dois planos. Os mentores colocavam em filas os necessitados da incorporação mediúnica e de fluidos materiais. A incorporação é para muitos um choque de reconhecimento do seu estado de desencarnado.

Marcos pensou que muitos, como ele, se iludiam, rejeitavam a ideia de que seu corpo estivesse morto e, aproximando-se de um encarnado e vendo a diferença entre seu corpo e o dele, entendiam sua situação. E, também, porque se achavam muito materializados, os fluidos densificados, doados pelos médiuns e pelos encarnados presentes, ajudavam com mais rapidez a sanar suas doenças e deformidades perispirituais.

Os desencarnados chegavam perto do encarnado, com a distância que variava de vinte a oitenta centímetros. O médium, preparado, entrava em sintonia com a faixa mental do desencarnado. Fios saíam da mente do médium e se ligavam aos da mente do desencarnado. Todo esse processo era feito ou supervisionado pelos mentores, trabalhadores desencarnados da casa. Luís aproveitou para elucidá-los:

— *Os médiuns sintonizam facilmente com outras mentes. Por isso há necessidade de o encarnado com mediunidade aprender a lidar com ela. Esse aprendizado, chamado por muitos de "desenvolvimento", é muito necessário ao médium. E, quando o médium trabalha para o bem, há sempre um desencarnado guia, mentor ou protetor, que impede que esse processo de sintonização se faça em qualquer lugar. Conhecendo e aprendendo sobre sua mediunidade o próprio médium saberá como usá-la.*

— *Como a mediunidade possibilita fazer o bem!* — Luzia exclamou.

O socorro daquela noite foi grande. Após socorridos todos os desencarnados, foram transportados para mais assistência no plano espiritual, e a equipe médica auxiliou os encarnados doentes que aguardavam.

O trabalho estava para terminar, e o mentor da casa se aproximou da pequena equipe de convidados e pediu:

— *Marcos, convido você para fazer a oração de encerramento, através de sua irmã carnal.*

Emocionado e encabulado, Marcos voltou-se para Luís, que o incentivou com o olhar. Aproximou-se, enxugou as lágrimas de emoção e orou. Sua irmã Solange, comungando os mesmos pensamentos, repetiu em voz alta:

— *Irmãos, como é importante esta reunião para todos nós, e mais ainda para os que sofrem e aqui buscam o conforto e o bem-estar para seus males. Foi nesta casa que recebi socorro. Encarnado, imprudente, não pensava na morte para mim. Meu dia chegou, enfim. Vaguei sem rumo e sofri muito, até que encontrei este local, onde fui esclarecido e encaminhado. Agora, aprendo e começo a ser útil. Meu agradecimento é sincero a Deus e a todos os que aqui auxiliam orientando, e que também aprendem. Que as bênçãos do Pai caiam sobre nós e que estes trabalhos permaneçam sempre, para a ajuda aos necessitados. Pai-Nosso...*

Afastou-se de Solange, e ela, emocionada, agradecia a Jesus por seu irmão estar bem. Abraçado pelos companheiros, Marcos chorou de alegria e gratidão.

Findo o trabalho, os encarnados se despediram e voltaram ao lar. A pequena equipe de aprendizes também se despediu dos amigos espirituais, sendo convidada a visitá-los novamente. Regressaram ao posto de socorro onde se hospedavam.

— *Nosso estudo agora* — Luís esclareceu — *será numa cidade no interior, conhecida de Marcos. Visitaremos grupos de auxílio e aprenderemos preciosas lições.*

— *Como me será agradável voltar lá!* — Marcos exclamou.

— *Lá, Marcos, você foi, como encarnado, em busca da cura de um mal físico, agora volta para estudar, conhecer. Iremos amanhã.*

Foi com grande alegria que Marcos reviu a cidade. Ficariam alguns dias e se hospedariam num posto de socorro no Plano Espiritual da citada cidade.

Muitos são os chamados

Visitaram locais de oração, reuniões de estudos, onde pessoas unidas pela amizade ajudavam tanto encarnados como desencarnados.

Na terça-feira à noite, Luís levou-os para visitar uma casa singela toda rodeada de folhagens e flores. Foram saudados pelos guardas e entraram, caminhando até os fundos. No quintal havia uma sala, local onde o grupo se reunia para os trabalhos espirituais. Encarnados ali estavam. Luís esclareceu seus pupilos:

— *Este é o senhor Mário, dono da casa e orientador dos trabalhos espirituais; esta é dona Mirinha, sua esposa, e Jerusa, sua filha; estes são Claudete e o senhor Eduardo. Estão organizando o local para o trabalho da noite.*

Foram acolhidos gentilmente pelos trabalhadores espirituais da casa e se acomodaram. O senhor Mário viu-os e foi informado pela desencarnada irmã Maria que se tratava de visitantes.

O movimento de desencarnados era grande. Grupos de jovens vieram assistir aos trabalhos, alguns necessitados de amor e caridade, outros para aprender a ser úteis. Uma equipe médica se preparava para atender a encarnados e desencarnados carentes.

O que chamou a atenção dos três excursionistas foi uma fila que se formava, de desencarnados, os quais tinham nas mãos folhas escritas e esperavam ansiosos pelo início da sessão.

— *Por que estão com essas folhas nas mãos?* — Henrique indagou curioso.

— *Logo veremos* — Luís esclareceu. — *Aqui trabalha uma médium que psicografa, e esses desencarnados estão escalados para transmitir, pela psicografia, notícias aos seus entes queridos encarnados.*

— E se acontecer de a médium não poder comparecer? — quis saber Luzia.

— Esses irmãos esperarão por mais uma semana. Poucos querem responsabilidades de um trabalho mediúnico, entretanto muitos poderiam fazê-lo.

— Como gostaria de escrever aos meus familiares, amo-os tanto — Henrique suspirou saudoso.

— Todos esses desencarnados estão ansiosos por mandar notícias, muito mais que os encarnados por receber. Continuamos vivos e ansiamos informar isso a eles, mas poucos encarnados acreditam — Luís comentou.

— Os meus não acreditam — Henrique concluiu. — Nunca iriam pedir notícias minhas. Para eles, estamos separados.

Calaram-se com a chegada dos encarnados que foram tomando seus lugares, eram pessoas conscientes e com vontade de ajudar.

Dona Mirinha fez uma linda oração. Claudete leu um texto do Evangelho e começou o trabalho.

Os espíritos da citada fila chegavam perto do instrumento que lhes serviria e liam o conteúdo das folhas, que era um rascunho do que queriam ditar. Muitos se emocionavam e até choravam ao escrever aos seus afetos. Luís esclareceu:

— A psicografia é importante para muitos desencarnados que, dando notícias aos seus, amenizam a saudade e a angústia que seus familiares encarnados sentem. E estes, ao saberem que os mortos do corpo, desencarnados, continuam vivos, amando-os, suavizam sua aflição e se desligam cada vez mais de seus afetos que partiram, ajudando-os a reiniciar na vida espiritual. Para muitos desses desencarnados que ditam aos seus, é como remorrer, isto é, conseguir partir para o Plano Espiritual.

No prazo de duas horas muito se fez, pois muitos eram os desencarnados socorridos e os encarnados orientados. Com a oração do Pai-Nosso, terminaram os trabalhos da noite e as luzes se acenderam. Os médiuns, contentes, fizeram alguns comentários sobre o trabalho.

— *Estão sendo entregues algumas das mensagens. Será que todos os encarnados acreditam?* — Luzia indagou a Luís.

— *Vamos observar.*

Três pessoas liam as mensagens.

A primeira a receber foi um moço que demonstrou incredulidade e pensava ao lê-la:

"Não é minha mãe, se fosse, teria citado a pouca- vergonha do meu pai, que casou com aquela mulher... Apesar da assinatura parecer... Não sei..."

A segunda a receber era uma jovem que se esforçava para não chorar de emoção.

"Meu Deus! Respondeu às minhas indagações. Meu pai escreveu-me, respondeu-me..."

A terceira, uma mãe saudosa, que tremia ao ler.

"Meu filho! Que saudade! Como Deus é bom! É a sua assinatura! Ele chamou-me pelo nome, era assim que costumava se referir a mim. Esta carta tem tudo dele: o jeito de se expressar, o tom brincalhão. Sei, meu querido, que está do lado de lá e que nos ama como o amamos."

O grupo foi se desfazendo, e, enquanto os encarnados voltavam ao lar, os donos da casa organizavam o local. Do lado de cá, também havia despedidas e agradecimentos.

Luís aproveitou para dar novos esclarecimentos:

— *Como vocês viram, com boa vontade, encarnados e desencarnados trabalham na ajuda aos necessitados. Muitos recebem esses benefícios como a boa semente e a plantam em boa terra, outros, conforme a Parábola do Semeador, recebem-na entre espinhos e pedregulhos. Os desencarnados que ditaram mensagens fizeram-no cheios de esperança de serem acreditados, entretanto, quando há indiferença dos seus, dói-lhes muito. Alguns encarnados querem provas difíceis para conseguir crer e, como nem sempre isso é possível, não aceitam. Outros querem ler nas mensagens o que pensam ser certo, como aquele moço, a querer que a mãe condenasse o casamento do pai e, como ela não o fez, porque já possuía conhecimento disso e não o censurava, mas compreendendo, e não podendo as mensagens trazer discórdias, ele não acreditou.*

— *Nem todas as assinaturas saem iguais às que tinham quando encarnados, não é mesmo?* — Luzia indagou.

— *Para que se assemelhassem, seria necessário um treino maior do desencarnado com a médium que recebe essas mensagens, num intercâmbio consciente ou, preferentemente, pela psicografia mecânica. Se a assinatura é simples, fica mais fácil. Também, muitos nem querem assinar, ditam somente o nome. Esse fato para alguns encarnados é importante, mas para outros o que importa é o conteúdo. Luzia, para incrédulos tudo é impossível e para os que creem um ponto é letra. Quem acredita já está consolado.*

— *Luís* — disse Marcos —, *todos esses encarnados que frequentam centros espíritas e os médiuns que lá trabalham já são os escolhidos?*

— *Infelizmente, não* — Luís suspirou. — *Escolhidos são aqueles que uniram espontaneamente sua vontade à vontade de Deus. Médiuns e pessoas que frequentam uma casa espírita desfrutam da oportunidade de aprender a serem úteis.*

Muitos são os chamados

Assemelham-se a alunos que frequentam um educandário, onde sua presença, por si só, não os ensina, porque, se não se esforçam, não adquirirão instrução e, do mesmo modo, podem ficar vários anos no meio de mestres e saírem tão analfabetos quanto aqueles que nunca foram ao colégio. A presença na casa espírita não é um fim, mas sim um meio propício para que, compreendendo a realidade espiritual, a ela se integrem. Num centro espírita, entram em contato com desencarnados, e isso lhes prova a sobrevivência da alma após a morte do corpo físico. Muitos desses desencarnados são irmãos evoluídos que vêm para amparar em nome de Deus.

A quem tem mais, muito será pedido. Dos médiuns, a quem muito foi dado, é natural esperar que muito seja pedido. Não em atitudes externas, mas sim na sua transformação interior.

O ato de fazer o bem proporciona ao indivíduo não propriamente ter créditos, embora possa ter, mas seu principal prêmio será tornar-se cada vez melhor, até um dia vir a ser elevado. Fazendo-se o bem, tem-se a oportunidade de se tornar bom. Quando agimos assim, os maiores beneficiados somos nós mesmos, pois tivemos oportunidade de demonstrar ou, talvez, consolidar ensinos aprendidos. Praticar o bem do melhor modo que pudermos, com toda a dedicação, não importando a quem seja, deve ser a atitude dos escolhidos, pois Deus age assim e muito nos ama.

Muitos médiuns, por frequentarem uma casa espírita e por beneficiarem a muitos através de seu corpo físico, presumem-se desobrigados de sua integridade moral e física. Iludem-se, pois quase todo o mérito do bem que distribuem cabe aos desencarnados socorristas que sofrem suas vibrações inferiores, próprias de um mundo rasteiro, tendo eles que *higienizar a aura do encarnado para que ele possa ser útil. Mesmo com esse trabalho, os nossos irmãos desencarnados permanecem para ajudar e amar em nome de Deus. A esses médiuns só caberão repreensões e censuras, porque devem mais do que os que não receberam essa oportunidade.*

O fazer, por si só, não tem valor. O valor está na intenção pela qual o bem é feito. O fazer é importante, mas muito mais é o ser. Muitos pensam que ao realizar o bem não necessitam ser, todavia se enganam e sofrem. Os que praticam o bem e tornam-se bons atenderam ao chamado e serão os escolhidos.

O Espiritismo dá muito esclarecimento, por isso aos espíritas muito será pedido: não em atitudes externas, mas sim na vivência interna.

Voltaram ao posto de socorro, onde ficaram servindo e ajudando os muitos necessitados que lá se abrigavam, e isso até a noite de sexta-feira.

O pequeno grupo volitou pela cidade, vendo diversos locais iluminados de forma diferente, por luzes espirituais.

— *Luís, o que são esses pontos luminosos?* — Henrique indagou curioso.

— *São os diversos locais onde grupos afins se reúnem em oração e ajudam os irmãos necessitados.*

— *E aquele lá* — apontou Luzia — *na parte alta da cidade?*

— *É uma reunião de amor e caridade de que participam laboriosos e bondosos espíritos, juntamente com atenciosos encarnados, a prestar grandes serviços na Seara do Bem* — Luís fez uma pausa e finalizou: — *Onde há luz, as trevas são dispersas!*

— *São esses os que não se recusam a trabalhar na Vinha do Pai!* — Marcos exclamou, emocionado.

Calaram-se, meditando.

Muitos são os chamados

Muitos são os chamados

Ao rever o local onde estivera encarnado, num período difícil, doente, Marcos teve que conter a emoção.

O centro espírita estava mais bonito, diferente, oferecendo aos encarnados melhores acomodações e alojamentos.

A pequena equipe de aprendizes maravilhou-se com o trabalho que os obreiros desencarnados faziam no local. No Plano Espiritual, mantinham enorme hospital e posto de socorro para desencarnados necessitados.

Foram gentilmente recebidos por um de seus trabalhadores, que lhes pediu que ficassem à vontade e lhes explicou que ali grupos de estudos eram sempre bem-vindos.

Muitos encarnados aguardavam o início dos trabalhos, para consultas. Luís pediu aos seus pupilos que se juntassem a eles e ouvissem seus comentários.

— Não sei se conseguirei me curar — comentou um senhor. — Há tempo estou doente, mas, como muitos dizem ter se curado, não custa tentar.

— Vou me curar, tenho fé, vim de tão longe! — contou uma moça.

— Sinto muitas dores, terríveis, quem sabe Deus me atende através desses irmãos — disse esperançoso um homem.

— Se não fizer bem, mal não me fará! — comentou uma senhora.

— Minha filha vai se curar, tenho certeza! — convicta, exclamou outra senhora.

Marcos olhou-os, apiedou-se de muitos, lembrando-se dele mesmo. A maioria ali estava pensando somente em si, na sua melhora física, pois viera usufruir sem pensar sequer em doar. E não seriam doações materiais, porque ali não se cobrava nada, mas dar algo de si, melhorar suas maneiras de ser e viver. Muitos tinham fé, acreditavam, outros nem isso.

Aproximaram-se de duas mulheres. A mais moça tentava convencer a mais idosa da existência de espíritos, mas ela repetia com convicção:

— Não creio em espíritos, ao morrer não se volta mais à Terra. Ou vão para o céu, ou para o Inferno, aqui não virão mais.

— Você não deveria pensar assim, porque a maioria tem o corpo físico morto e fica vagando junto a nós, encarnados. E tudo o que nos acontece de ruim é interferência dos desencarnados.

— Grande bobagem. Os "desencarnados", como você chama os mortos, nada podem fazer conosco.

— Hoje mesmo escorreguei, foi um espírito que me empurrou!

— Não creio.

— Que veio fazer aqui, então?

— Penso curar-me pela força mental do sensitivo.

Luís esclareceu:

— *Essas duas senhoras são exemplos de dois extremos. Uma não crê na interferência dos desencarnados, e a outra acha que tudo o que acontece é por causa dessa interferência. Ambas estão erradas, uma por não crer e a outra por colocar toda a culpa na parte espiritual, até mesmo um simples escorregão e por acontecimentos corriqueiros na vida encarnada.*

O movimento no Plano Espiritual era maior do que no plano terreno. Muitos desencarnados, julgando ainda estar no corpo físico, buscavam a cura dos seus males, enfileirando-se com os encarnados.

Grande era o número de trabalhadores desencarnados. A equipe médica trabalhava incansavelmente, ao lado dos

Muitos são os chamados

guardiões e dos samaritanos encarregados de ajudar os desencarnados sofredores.

— *Este é um dos trabalhadores da casa, é médico* — Luís apresentou.

Encantaram-se com a simplicidade do apresentado, que cumprimentou-os, sorrindo.

— *Espero que se sintam à vontade entre nós.*

— *Que prazer conhecê-lo!* — Marcos disse. — *Curou-me... fui curado aqui quando encarnado. Porém não dei o devido valor.* — Ele sorriu amorosamente, incentivando Marcos a continuar, e este completou: — *O senhor não se importa? É indiferente com a ingratidão de muitos?*

— *Não pensamos no bem que fazemos* — respondeu tranquilo. — *Preocupamo-nos somente com o bem que deixamos de fazer!*

Os médiuns foram chegando, e começou o trabalho da noite.

Houve grande silêncio, todos se aquietaram, tanto encarnados como desencarnados, para ouvir a palavra do senhor Waldemar:

— Irmãos, somos de muitas formas chamados a conhecer a Verdade, o bom caminho. Todas as religiões cristãs orientam seus seguidores a praticar o bem, a amar o próximo. Mas é o Espiritismo que muitas orientações nos tem dado, esclarecendo-nos os ensinos de Jesus de maneira racional. Abençoada seja a Doutrina, codificada inclusive pelos muitos esclarecimentos de Allan Kardec, pois ela nos chama e nos dá oportunidades de fazer, para sermos os escolhidos. Irmãos, pelo Espiritismo somos sempre chamados. Alguns pela cura de seus males físicos, porque, desenganados pela medicina terrestre, são curados pelos bons espíritos, que lhes provam inclusive a continuidade da vida após a morte do corpo material. Porém muitos, surdos a esses chamamentos, justificam suas curas, negando que foram curados pelos desencarnados. Voltam com saúde a viver, como se nada tivesse acontecido, e se recusam a se transformar em escolhidos. Tantos se livram, pelo Espiritismo, de obsessões, de "encostos", como dizem na simplicidade, mas continuam sofrendo. E, na existência desencarnada: os bons continuam bons, os maus, às vezes, piores ainda.

Outros são chamados, pela psicografia, a provar que os entes queridos, cujo corpo físico morreu, não se acham separados, mas ausentes, e podem se comunicar conosco. Cada encarnado que recebe uma mensagem recebe também um apelo para crer. O Espiritismo prova-nos de muitas formas que continuamos vivos após a morte do corpo físico e que necessitamos pensar nessa sobrevivência, porque a desencarnação acontecerá para todos os chamados "vivos". E nossa vivência no Plano Espiritual tanto pode ser boa como ruim, pois estará em conformidade com a conduta que estamos tendo aqui como encarnados. Vamos, irmãos, atender ao chamado que estamos recebendo. Despertemos e passemos do caminho largo, o das facilidades, para o caminho estreito, mudando nossa forma de viver, tornando-nos bons. É necessário entender e praticar os ensinos de Jesus e nos esforçarmos para sermos escolhidos.

Em seguida, começou a atender os encarnados doentes.

Enquanto Henrique e Luzia ajudavam o grupo que estava dando passes de irradiação nos enfermos, Luís e Marcos foram até a sala onde faziam o trabalho de orientação aos desencarnados, ou seja, trabalhos de desobsessão.

Muitos são os chamados

Marcos não só viu desencarnados doentes, como também maus e vingativos, mas todos eram socorridos, orientados e encaminhados para assistência no Plano Espiritual.

— Luís — Marcos comentou —, *quando aqui estive, passei por este trabalho, e estavam comigo dois desencarnados que queriam se vingar e disseram ter agido inclusive instigados pela vontade de dois encarnados.*

— *Alguns desencarnados vingativos aguardam aqueles que querem prejudicar caírem na vibração para poderem agir. Certamente, conseguiram prejudicá-lo, em virtude de você ter ofendido a outros e eles, revidando, desejaram-lhe o mal.*

— *O que será deles? Por que estavam comigo?*

— *Se receberam orientação aqui e foram encaminhados, estão bem. O porquê, o motivo de eles quererem se vingar, pode estar no passado distante. Se um dia recordar suas outras existências, poderá saber o motivo.*

— *Devo tê-los ofendido, gostaria muito de pedir-lhes perdão.*

— *Numa rixa, há culpa de ambos os lados. Ofendidos devem perdoar e não guardar rancores, e ofensores devem arrepender-se e reparar a falta. Se eles foram encaminhados, perdoaram-no e, se um dia houver necessidade, a vida os aproximará. O que importa, Marcos, é que você também foi prejudicado por eles e os perdoou.*

— *Luís, me lembro agora das propostas que fiz e que não cumpri. Mas a culpa também foi de Mara, que me impediu.*

— *Marcos, meu companheiro* — Luís carinhosamente elucidou —, *não jogue a culpa de seus atos em outros. Se quisesse, se tivesse realmente vontade, teria feito. Deixou-se dominar por ela, porque no fundo era isso o que desejava. Mara é realmente voluntariosa e, para você, foi mais cômodo atendê-la.*

Do mesmo modo, muitos aqui no Plano Espiritual tentam se justificar: "Não trabalhei espiritualmente, quando encarnado, não atendi a conselhos e apelos de amigos, porque minha esposa, ou meu esposo, filhos etc. impediram-me". Outros desculpam-se dizendo que eram pobres, não tinham nada para dar, eram necessitados. São desculpas que dão a si mesmos. Esquecem que pobre materialmente pode dar de si fluidos, bondade, horas de trabalho e orações. Necessitados? Há tantos modos de se passar de necessitados a colaboradores, e todos têm essa obrigação, somente não se transformam os acomodados e os que realmente não querem. Nem a doença física é empecilho para quem quer ser útil. O cego pode usar a palavra; o mudo, as mãos etc. Exemplos não faltam: como de Jerônimo Ribeiro Mendonça, um tetraplégico e cego que, com seus livros e palestras, chamou muitos irmãos ao caminho do bem e, com seus exemplos, incentivou muitos a se resignar, a ser como ele.

— *E os necessitados espiritualmente* — Luís continuou, após ligeira pausa — *podem mudar de hábitos e atitudes, evangelizando-se e seguindo o caminho do bem, porque assim as dificuldades serão ultrapassadas. É sempre mais fácil colocar a culpa de nossas falhas e fracassos nos outros, como se eles fossem donos do nosso livre-arbítrio. Quando queremos, sempre damos um jeito, embora reconhecendo que, em muitas ocasiões, os empecilhos são fortes e que se necessita de muita coragem para vencê-los. Mas esse não foi o caso que mencionamos.*

Marcos abaixou a cabeça, mas foi abraçado amorosamente pelo instrutor, pois entendeu que não recebera uma censura, porém preciosa lição.

Muitos são os chamados

— É verdade, Luís, não foi o meu caso. A "porta larga" me foi mais cômoda, mais fácil. Tentava isentar-me, culpando Mara. Aqui, neste local, prometi dedicar-me aos pobres, às crianças doentes, carentes de médicos e remédios. Adiei, deixei para amanhã o que poderia ter feito e... não tive amanhã! Penso mesmo que adiaria sempre esse "amanhã".

— Quando podemos fazer, é nosso dever realizar. Adiar, ou não fazer, é tarefa não cumprida, é lição não aprendida. Sofremos muito quando podemos e não fazemos o bem.

— Será, Luís, que um dia serei digno de trabalhar em nome de Jesus?

— Poucos de nós são dignos de trabalhar em nome de Jesus, mas, como a Sua misericórdia é grande, todos os de boa vontade poderão fazê-lo. Basta querer!

Quando todos foram atendidos, reuniram-se os médiuns na frente da figura de Jesus e oraram a Prece de Cáritas: uma chuva de fluidos salutares, coloridos, caiu sobre todos, terminando o trabalho da noite.

Luís e seus pupilos despediram-se dos amigos da casa, os quais tão bem os haviam recebido, e seguiram para o pátio. O instrutor, aproveitando os últimos momentos em que estariam juntos, pois a excursão terminara e agora iria cada um para seus afazeres na colônia, elucidou-os:

— São duas as parábolas em que Jesus se refere aos muitos que são chamados e aos poucos que são escolhidos. A dos Trabalhadores da Vinha, em que o Senhor contratou trabalhadores em diversas horas do dia e pagou-os igualmente. Aprendemos nessa Parábola que o Senhor da Vinha sai a chamar pelos trabalhadores, dizendo ser muito importante que eles estejam à disposição do chamado Divino. Devemos nos preparar para *a hora em que formos chamados, para que estejamos prontos a atender. Porém, o que acontece conosco é que sempre estamos envolvidos nos acontecimentos materiais, preocupados com o mundo físico, e ficamos apegados ao que gostamos. Permanecemos escravizados aos bens terrenos, como se essa fosse a finalidade da existência humana. E ficamos surdos aos chamamentos!*

Na Parábola da Festa das Núpcias, há os escolhidos. Primeiro o Senhor mandou seus servos chamarem os convidados, que se recusaram ao apelo. E as recusas continuam as mesmas até hoje, quando se trocam as coisas materiais pela realidade espiritual. São preocupações com propriedades materiais, prazeres sensuais e divertimentos sociais. E muitos não têm coragem para atender ao convite do Senhor, envergonhando-se porque, para a maioria, quem não corre atrás dos bens materiais é considerado tolo, digno de compaixão. E as recusas são desculpas mentirosas e enganadoras.

O convite se deu para todos, por toda a Terra, para bons e maus. E os chamamentos continuam, pois todas as religiões convidam os homens ao "grande banquete". Porém não basta frequentar uma seita, embora seja isso importante, porque as religiões podem nos dar um ambiente propício, mas não é o bastante, temos que fazer, que construir em nós a "vestimenta nupcial", isto é, purificar-nos, tornarmo-nos bons.

Depois de os chamados chegarem ao "banquete", o Senhor vê um que não está com a "veste nupcial" e pergunta o porquê de estar presente sem estar devidamente vestido. O convidado emudece. O Senhor ordena que seja lançado às "trevas exteriores". O mundo físico, Jesus o comparava às trevas, e o mundo espiritual, à Luz, ao Banquete.

Muitos são os chamados

E escolhidos são somente aqueles que se esquecem de si mesmos, que amam a Deus e às criaturas acima do egoísmo, do orgulho e da vaidade.

Nossa responsabilidade é grande, pois não significa que, por estarmos desencarnados, é que somos os escolhidos, porque ainda estamos sujeitos a outras reencarnações. Somos peregrinos e, por períodos, estamos ora desencarnados, ora encarnados. Somos sempre chamados e, por nossas atitudes, é que seremos os escolhidos. Como donos de nosso destino, podemos decidir sobre nosso amanhã. Para adquirir felicidade, necessitamos estudar, trabalhar, meditar. Não nos redimimos por atos externos, que podem até ser úteis, mas só o amor, o fazer por amor, é que nos redimirá.

Estamos sempre sendo chamados, vamos, portanto, atender o Pai Amoroso, que, de braços abertos, recebe carinhosamente seus filhos pródigos.

Após pequena pausa, Luís finalizou:

— Bem-aventurados os que fazem por onde ser escolhidos. Porque muitos são os chamados...

Uma nova esperança motivou Marcos, porque teria outras oportunidades para purificar-se, atender ao convite do Banquete e se esforçar para ser um dos escolhidos.

Emocionados, partiram. Do alto, via-se a Terra Azul, este abençoado educandário celeste...

QUANDO O PASSADO NOS ALERTA

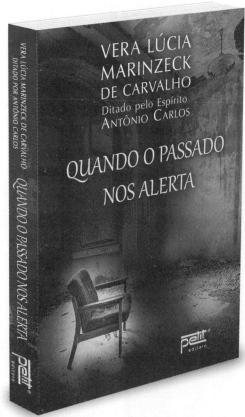

Vera Lúcia
Marinzeck de
Carvalho
ditado por
Antônio Carlos

Romance
16x23 cm
256 páginas

Num feriado, a família viaja para as montanhas. Elias, entediado, deixa a esposa e os filhos no hotel e sai para pescar. Perde-se no caminho e, ao ver uma ruína, curioso, entra no lugar. Aí é que tudo acontece... Elias recorda que já viveu nessa antiga pousada, Águia Dourada. Saudoso, lembra do grande amor de sua vida, dos encontros e desencontros. Vê e escuta um espírito que lhe é agradecido e que tenta mostrar a ele que está agindo errado, repetindo os mesmos erros de outrora. Ele é encontrado um dia depois, e nada justifica não ter conseguido sair das ruínas. De volta para casa, Elias procura e encontra explicações sobre o que aconteceu com ele. Você, amigo leitor, ao ler este livro, entenderá os muitos porquês de fatos que ocorrem conosco. Somos realmente herdeiros de nós mesmos. Porque o passado pode realmente nos alertar.

boanova@boanova.net | www.boanova.net | 17 3531.4444

O Mistério do sobrado

Vera Lúcia Marinzeck de Carvalho ditado por Antônio Carlos
Romance | 16x23 cm | 208 páginas

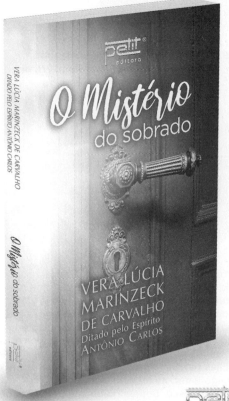

Por que algumas pessoas – aparentemente sem ligação mas com as outras – foram assassinadas naquela sala, sem que ninguém nada escutasse?
Qual foi a razão que levou as vítimas a reunirem-se justamente na casa de dona Zefa – uma mulher de bem, tão querida por toda a vizinhança?
"O mistério do sobrado" é um romance intrigante, que fala de culpa e arrependimento, de erros e acertos.
Uma narrativa emocionante, onde o mistério e o suspense certamente prenderão a atenção do leitor das primeiras até as últimas páginas – conduzindo-o a um desfecho absolutamente inesperado e surpreendente...

Entre em contato com nossos consultores e confira as condições
Catanduva-SP 17 3531.4444 | boanova@boanova.net

O QUE ELES PERDERAM

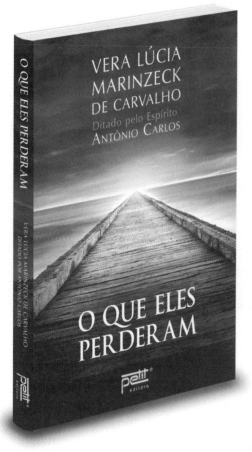

**Vera Lúcia Marinzeck de Carvalho
ditado por Antônio Carlos**

Romance | 16x23 cm | 256 páginas

— Meu Deus! Ajude-me a não perder nada! — rogou Clara.
A aprendiz Clara rogou com sinceridade e de coração no final de um trabalho em que uma equipe de trabalhadores desencarnados, para um estudo, participou de alguns casos em que os envolvidos estavam unidos numa trama obsessiva.
Com riqueza de detalhes, Antônio Carlos, um excelente contador de histórias, transformou em livro alguns relatos de casos que auxiliaram. O que pensam e sentem aqueles que querem se vingar? O obsessor? Tem ele justificativas? Infelizmente, as desculpas não são aceitas. E o obsediado? A vítima naquele momento. Será que é só uma questão de contexto?
Esta leitura ora nos leva a sentir as emoções do obsessor ora as dores do obsediado.
São sete dramas. Que dramas! E os motivos? Paixões não resolvidas, assassinatos, disputas, rivalidades, a não aceitação da desencarnação de alguém que se ama etc.
Por um tempo, ambos, obsessor e obsediado, estiveram unidos. E o que eles perderam? Para saber, terão de ler esta preciosa obra.

boanova@boanova.net | www.boanova.net | 17 3531.4444

Av. Porto Ferreira, 1031 | Parque Iracema
CEP 15809-020 | Catanduva-SP

www.**petit**.com.br | petit@petit.com.br
www.**boanova**.net | boanova@boanova.net

 17 3531.4444

 @boanovaed

 boanovaed

 boanovaeditora